Wolfgang Brylla

Beruflicher Erfolg

und erfülltes Leben

mit dem

B.E.L.L.A.-Prinzip

Der Autor

Wolfgang Brylla wurde am 14.11.1953 in Düsseldorf geboren.

Seitdem hat er die Welt aus unterschiedlichen Perspektiven betrachten gelernt. Dabei konnte er viele interessante und spannende Eindrücke und Erfahrungen gewinnen. Er hat Musik gemacht, in Bands gespielt, gemalt, gebaut und unterrichtet und ist viel gereist. Er ist Vater einer erwachsenen Tochter und lebt seit 1983 in Aachen, wo er seine Praxis für Kommunikation und Persönlichkeitsmanage-ment betreibt. Seit 2002 arbeitet er mit eigenem Programm und Angebot. Er ist NLP-Lehrtrainer und Lehrcoach, Business- und Management-Coach, Seminarleiter, Architekt,Buchautor und Schriftsteller.

Die Integration von Bewährtem und Neuem, von NLP, systemischen Ansätzen, Methoden der humanistischen Psychologie, der Quantenphysik sowie der aktuellen Gehirnforschung spielen in seiner Arbeit eine große Rolle.

Inhaltsverzeichnis

Einleitung

Träumen Sie auch manchmal von Dingen, die Sie irgendwann einmal verändern möchten? Haben Sie Ziele, nach denen Sie sich sehnen? Und dann ist da wieder die Realität des Alltags und Sie machen so weiter wie bisher?

Was muss geschehen, damit Sie sich Ihre Wünsche erfüllen können? Wie sehen Sie Ihre tatsächlichen Perspektiven?

Vielleicht stehen Sie am Anfang Ihrer beruflichen Karriere. Sie haben Ihre Ausbildung beendet und sind unsicher, welches der richtige Weg ist, auf dem Sie ins Berufsleben einsteigen sollen. Sie haben sich umgehört, Informationen beschafft und gelesen und sollen nun den richtigen Schritt tun. Wie entscheiden Sie, was gut für Sie ist und was nicht?

Stehen Sie mitten in Ihrem Berufsleben und ein Wendepunkt deutet sich an? Oder befinden Sie sich vor einer persönlichen Entscheidung, die Ihnen Kummer bereitet und die Sie deshalb meiden? Vielleicht verläuft bei Ihnen auch alles gut und Sie hätten es gerne noch ein wenig besser?

Viele Menschen suchen in Ihrem Leben die richtige Lösung und fragen sich, warum es so schwer ist. „Ich weiß zwar, was ich will, doch irgendetwas hindert mich daran, es auch umzusetzen." Kennen Sie das? Alles könnte so einfach sein, wenn nicht irgendein störender Einwand das Handeln schwer machte.

Nutzen Sie die Chancen zu Ihrer beruflichen Karriere oder persönlichen Veränderung, die Ihnen Zufriedenheit und Selbstverwirklichung bietet. Entwickeln Sie klare Vorstellungen von dem, was persönlicher und beruflicher Erfolg für Sie bedeutet. Lassen Sie die Erwartungen, die Sie an Ihr Leben haben, Wirklichkeit werden.

Was Sie selber tun können, um Ihre Ziele zu erreichen, erfahren Sie in diesem Buch. Folgen Sie hierzu einfach den Schritten des B.E.L.L.A.-Prinzips.

Was bedeutet nun das **B.E.L.L.A.-Prinzip**?

B.E.L.L.A. steht für:

B.   Beschreiben des Zieles

E.   Erkennen von Hindernissen und
           Einschränkungen

L.   Lösen von Hindernissen

L.   Losgehen zum Ziel

A.   Ankommen am Ziel

Ich möchte Sie einladen, diese fünf Schritte mit mir zu gehen. Einfache Übungen unterstützen Sie, Ihren Zielen näher zu kommen werden. So werden Sie dorthin gelangen, wo Ihr Erfolgspotenzial liegt.

Damit Sie zu Ihren persönlichen Zielen gelangen, ist es notwendig, dass Sie sich diese Ziele so gut wie möglich zu gestalten. Je klarer und deutlicher Sie ein Ziel vor sich haben, desto leichter lässt es sich erreichen. Dazu sollten Sie Ihrem

Gehirn eine deutliche Vorstellung von dem liefern, was Sie anstreben, damit es diese auch umsetzen kann. Denn Ihr Gehirn benötigt klare Anweisungen und Vorlagen, wenn es effektiv für Sie arbeiten soll. Die Beschreibung dessen, was Sie erreichen wollen, sollte am Ende daher so umfassend sein, dass Sie das Gefühl haben, Sie hätten es schon erreicht.

Mit Hilfe dieses Buches werden Sie erfahren, wo, wann und wie Sie Ihr Ziel angemessen erreichen können. Dabei werden Sie feststellen, was Sie bisher am Erreichen gehindert hat und wie Sie diese Hindernisse lösen können.

Der Schlüssel zu dem Geheimnis, welcher Ihnen verrät, wie erfolgreich Sie in Ihrem Leben sein können, liegt in der Summe all Ihrer Erfahrungen, die Sie vom ersten Tag Ihres Lebens an gemacht haben und die Sie jeweils in einer bestimmten Art und Weise in sich abgespeichert haben. Diese Erfahrungen bilden in Ihnen ein System, welches bestimmt, was Sie vom Leben glauben, wovon Sie überzeugt sind, und welches Sie in Ihrer Zielerreichung unterstützen oder behindern kann.

Widerstände und Hindernisse, die sich Ihrem Ziel entgegenstellen, können auf unterschiedlichen Ebenen existieren. Daher werden Sie auf allen Wahrnehmungsebenen nach Ihnen Ausschau halten und diese benennen. Sie werden Fragen beantworten wie:

Wo gibt es Hindernisse organisatorischer und praktischer Art in meiner Umwelt, Familie, am Arbeitsplatz etc.?

Wo hindert mich mein eigenes Verhalten?

Was tue ich selbst, was das Erreichen meines Zieles behindert?

Besitze ich das nötige Wissen, um mein Ziel zu erreichen?

Welche Ressourcen von außerhalb oder in mir benötige ich?

Welche meiner eigenen Überzeugungen stehen meinem Ziel entgegen?

Gibt es bedeutende Werte in meinem Leben, die sich nicht mit dem Ziel vereinbaren lassen?

Gibt es Widerstände in dem Gesamtsystem meiner Familie und der Arbeitsorganisation, in der ich tätig bin?

Sind die Hindernisse bekannt, können Sie diese Schritt für Schritt lösen und in unterstützende Potenziale umwandeln.

So erfahren Sie auch, wie Sie Ihre geeigneten Lösungsmodelle organisatorischer und praktischer Art finden.

Sie werden Ihre Persönlichkeitsanteile kennen und schätzen lernen, die Ihr Verhalten bisher störend beeinflusst haben. Hierzu entwickeln Sie ein Modell, welches Ihre erforderlichen

Fähigkeiten und Ressourcen finden und stärken wird.

Sie werden lernen, wie Sie behindernde Überzeugungen aufspüren und verändern können und wie es funktioniert, wenn Sie sich neue unterstützende und kraftvolle Überzeugungen zulegen.

Ebenso lernen Sie auch die Werte kennen, die Sie schwächen und die Sie stärken, wenn Sie Ihre Ziele erreichen wollen.

Schließlich erfahren Sie, wie Sie Ihre Ziele in das System, in dem Sie leben und arbeiten, einbinden und auch hierin eine Unterstützung erfahren können.

Am Ende stehen Ihnen eine Menge neuer Wahlmöglichkeiten zur Verfügung, die Sie zur Verwirklichung Ihrer Ziele nutzen können.

Kapitel 1

B.E.L.L.A. = Beschreiben des Ziels

Ziele

Jeder Mensch hat seine beruflichen und privaten Lebensziele. Diesen Zielen versucht er, bewusst oder unbewusst, zu folgen und sie zu erreichen. Manchmal sind diese Ziele klar erkennbar, manchmal nur sehr vage wahrzunehmen und manchmal wissen wir nicht einmal, was sie für uns bedeuten.

Es gibt Momente, in denen Sie das Gefühl haben, dass es so nicht weitergehen kann, dass es noch etwas anderes geben muss. Ihnen fehlt die klare Vorstellung, wohin es gehen könnte. Gehören Sie zu den Menschen, die in solchen Momenten nur weg wollen? Weg von dem, was stört, was Sie einengt oder belastet? Sie sehen das Übel und sagen sich, so kann es nicht weitergehen. Oder stellen Sie sich vor, wie es anders wäre, wie es besser wäre, ohne dem Negativen allzu viel Bedeutung zu schenken.

Vielleicht gehören sie zu den Menschen, die die Richtung kennen, denen eine Alternative schon vor Augen liegt, die sich jedoch nicht vorstellen können, wie Sie diese verwirklichen können.

Warum das so ist und wie Sie sich Alternativen erschaffen können, werden Sie in diesem Buch erfahren.

Ein Ziel zu erlangen, ist umso leichter, wenn Sie sich dieses Ziel so gut wie möglich vorstellbar machen. Je klarer und deutlicher Sie dieses Ziel vor sich haben, desto leichter lässt es sich erreichen. Ihr Gehirn benötigt eine deutliche Vorstellung von dem, was Sie anstreben, damit es dort umsetzbar gemacht werden kann. Wenn Sie keine klare Vorstellung von dem haben, was Sie erreichen wollen, werden Sie nur schwerlich am Ziel ankommen.

Es ist wie bei einem Puzzle. Haben Sie schon einmal versucht, ein großes Puzzle zusammenzusetzen, ohne die Vorlage zu besitzen? Sie sehen einen riesigen Berg von kleinen Teilen vor sich, Sie wissen, dass diese Teile, in der richtigen Weise zusammengesteckt, ein Bild ergeben soll. Vielleicht kennen Sie auch das Motiv des Bildes. Sie wissen, ob es eine Landschaft oder ein Gebäude ist. Aber um die Teile so zusammen zustecken, dass sie das richtige Bild ergeben, benötigen Sie die genaue Vorlage.

Genauso ist es mit den Informationen, die Ihr Gehirn benötigt, um Ihre Ideen umzusetzen. Je genauer die Vorlage ist, desto eindeutiger ist das Ergebnis.

Viele Menschen beschreiben ihr Ziel in der Art, dass sie sagen, was sie nicht wollen. Oder sie benennen es so ungenau, dass niemand wissen kann, wann es erreicht sein wird. Dann heißt es: „Ich will mehr Geld verdienen." „Ich will, dass mein Chef, meine Kollegen, mein Partner mich anerkennen..."
Das ist ungefähr so, als würden Sie sich eine Jacke in einem Versandkaufhaus bestellen und Sie schreiben in das Bestellformular „eine Jacke". Was werden Sie wohl bekommen? Ich glaube, Sie bekommen noch nicht einmal eine Rückfrage. Wenn Sie sich nun Mühe geben und auf den Bestellzettel schreiben „eine Jacke, schwarz, aus Baumwolle", dann sind Sie schon genauer geworden, aber für die richtige Sendung reicht es noch lange nicht. Natürlich wissen Sie das

und Sie würden niemals eine Hose bestellen, ohne die genauen Angaben, die im Bestellformular vorgegeben sind, einzutragen. Schließlich wollen Sie ja genau das bekommen, was Sie ausgesucht haben. Aber bei Ihren Bestellungen für Ihr Leben bleiben Sie meistens so ungenau, dass kein Versandhaus Ihnen diese Bestellung erfüllen würde.

In diesem Kapitel erhalten Sie die Fragen, welche Sie für das große Versandhaus Ihrer Wünsche und Ziele beantworten müssen, damit Sie die richtigen Inhalte auf Ihre Bestellung erhalten. Denn Sie wollen am Ende ein Ergebnis erhalten, welches genau das richtige für Sie ist, und nicht sagen: "Wenn das die Lösung ist, will ich mein Problem zurück."

Eine Reise in die Welt des Gehirns

Warum ist es so wichtig, Ihre Vorhaben Ihrem Gehirn verständlich zu präsentieren? Um Ihnen das zu verdeutlichen, machen Sie mit mir eine kleine Reise in die Welt unseres Gehirns.

Es ist heute eine weit bekannte Tatsache, dass der Erfolg im Kopf beginnt. Die richtige Einstellung, das richtige Denken führt zu den besten Ergebnissen im Handeln. Spitzensportler und Topmanager wissen das und nutzen es.

Unser Gehirn ist ein unglaubliches Organ. Seine Lage ist besser geschützt als die aller anderen Organe im Körper und es genießt bei der Versorgung mit Blut und Sauerstoff die erste Priorität. Umgeben von der Schädelwand wird es durch eine Flüssigkeit gegen Stöße geschützt.

Hierbei bietet die moderne Gehirnforschung, deren Entwicklung in den letzten Jahren enorme Fortschritte gemacht hat, erstaunliche Erkenntnisse. Dort machte man die Entdeckung, dass das Gehirn seine innere Struktur im Laufe unserer Entwicklung durch äußere Erfahrungen verändert. Darüber hinaus ist es jedoch auch in der Lage, sich durch die

Art, wie wir mit den eigenen Gefühlen und Gedanken umgehen, zu verändern.

Was bedeutet das für uns unsere Ziele? Menschen, die oft negativen Gedanken nachhängen, verankern diese Wahrnehmung der Welt in ihrem Gehirn. Andersherum bedeutet das, dass auch die positive Wahrnehmung der Welt eine entsprechende Veränderung im Gehirn bewirkt.

Diese Erkenntnis bildet die Grundlage für viele Erfolgsmodelle. Schon in der Antike und in den östlichen Kulturkreisen Indiens und Chinas haben Gelehrte und Weise intuitiv diese Fähigkeiten erkannt und genutzt. Spezielle Meditations-techniken und das Trainieren von positiven Geisteshaltungen z.B. ließen über eine Veränderung des inneren Erlebens neue Möglichkeiten für die Meister und Schüler erwachsen.

Ist es nicht eine schöne Vorstellung, dass Sie durch das Training Ihrer Gedanken die Vorgänge in Ihrem Gehirn beeinflussen können? Das, was die alten Meister intuitiv und mit Erfolg praktizierten, lässt sich durch die Ergebnisse der modernen Gehirnforschung erklären. Wie funktioniert unser Gehirn? Um diese Frage zu beantworten, möchte ich Ihnen zuerst einmal deutlich machen, mit welchem komplexen System wir es hierbei zu tun haben. Dieses System steuert alle

Abläufe unserer Wahrnehmung, unserer Bewegungen sowie unserer gesamten Lebensvorgänge. Es bildet ein Netzwerk aus etwa fünfhunderttausend Kilometern Nervenfasern, mehr als einhundert Milliarden Nervenzellen und Zehntausenden von synaptischen Verbindungen. Es wiegt weniger als 2000 Gramm und verbraucht für seine wichtigen Aufgaben dabei immerhin 20 Prozent der Gesamtenergie eines Menschen. Etwa 460 Milliliter Blut fließen im Ruhezustand in jeder Minute durch das Gehirn.

Die Entstehungsgeschichte des Menschen ist auch die Entstehungsgeschichte unseres Gehirns. Es ist das Produkt der evolutionären Entwicklung des Menschen. So besteht es aus verschiedenen Teilen, die sich zu unterschiedlichen Zeiten mit unterschiedlichen Aufgaben entwickelt haben. Für unsere Vorfahren, die als Sammler und Jäger ihr Überleben sicherstellten, galten andere Bedingungen als für den Menschen von heute. Daher besteht das Gehirn aus verschiedenen Teilen, deren Ursprung verschiedenen Entwicklungsstufen zugeordnet werden kann und deren Aufgaben sich aus der jeweiligen Entstehungszeit ableiten. So ist der älteste Teil, der Thalamus, eine Art Schaltstelle oder Nachrichtenzentrale für alle Sinnesinformationen wie sehen, hören, riechen und fühlen. Hier sind die Nervenfasern gewissermaßen verschaltet und reichen bis zum Großhirn. Der Hirnstamm verbindet das Rückenmark mit dem Gehirn. Hier laufen alle auf- und absteigenden Informationen des Körpers über die Nerven des Rückenmarks zusammen und bilden so das Zentrale Nervensystem. Durch den Hirnstamm werden auch die allgemeinen Lebensfunktionen wie Herzschlag, Blutdruck, Atmung und das Bewusstsein kontrolliert.

Zwar besteht das Gehirn aus mehreren Milliarden Zellen. Für die Funktionalität des Gehirns ist jedoch nicht die Anzahl der Zellen, sondern die Verbindung zwischen diesen Zellen entscheidend. So bestehen zwischen jeder dieser Nervenzellen Verbindungen zu mehreren Tausend anderen Nervenzellen. Über ein Geflecht von Ausläufern empfängt das Gehirn Informationen, wertet sie aus und leitet sie weiter. Über die Nervenfasern und Synapsen werden alle notwendigen Informationen zu den richtigen Stellen geschickt, wo sie dann verarbeitet werden können. Ist solch ein Nervenimpuls an einer dieser Neuronen, die durch Synapsen in Kontakt stehen, angekommen, werden hier die sogenannten Neurotransmitter wie z.B. Dopamin, Serotonin etc. als chemische Signale ausgegeben, die wiederum neue Nervenimpulse auslösen.

Dies ist ein Vorgang, der z.B. beim Lernen stattfindet. Immer wenn wir etwas lernen, erhalten die Neuronen eine andere Form. Dabei ist es unwichtig, was wir lernen, ob wir es lernen wollen oder nicht. Hier ist vor allem ein Gehirnteil beteiligt, der Cortex.

Ein entwicklungsgeschichtlich älterer Teil ist das sogenannte Limbische System. Dieser Teil ist dafür zuständig, ob und welche Gefühle wir empfinden. Bevor Informationen von unserer Außenwelt an unseren Cortex, unser Lernzentrum, weitergegeben werden, prüft dieses limbische System mit den sogenannten „Mandelkernchen" bzw. der „Amygdala", ob Sie weitergeleitet werden oder nicht. Diese Spezialisten entscheiden, was herein darf und was nicht. Es ist also wichtig, unsere Ziele eine so zu formen, dass Sie für die Wächter begreifbar und daher als annehmbar beurteilt werden.

Von Geburt an arbeitet unser Gehirn in dieser Weise. Es speichert die Erfahrung der heißen Herdplatte, die in uns Schmerz erzeugt, wenn wir sie berühren, ebenso wie den ersten Gehversuch als eigenes Programm an einer dieser Stellen.
So entscheidet sich im Gehirn auch, ob wir glücklich sind oder traurig, optimistisch oder pessimistisch, erfolgreich oder erfolglos, kurz, ob wir unser Leben genießen oder nicht. Je

nachdem, wie die Nervenzellen (Neuronen) die Informationen speichern, bearbeiten und verknüpfen, so fühlen und verhalten wir uns.

Als Neugeborenes verfügt der Mensch noch über wenige Erfahrungen und somit ist die Anzahl der abgespeicherten Erfahrungen und Programme gering. Die ersten Schritte werden zurückgelegt. Erst wackelig, dann sicherer. Von einem Teil des Raumes zu einem anderen auf den eigenen Beinen zu gehen, erzeugt ein angenehmes Gefühl. Vielleicht wird das Kind später, jedes Mal, wenn es erfolgreich etwas geschafft hat, dieses Gefühl wieder erleben. Das Gehirn verbindet dann in diesem Moment das Erlebte mit dem einmal bekannten Gefühl, und das ist gut!

Ein andermal misslingt der Versuch, auf eine Mauer zu klettern. Vielleicht versucht es das Kind noch einmal, rutscht wieder ab und fällt. Das Ergebnis ist ein blutendes Knie und eine zerrissene Hose. Wenn dann auch noch die Eltern ihren Ärger über die zerrissene Hose zum Ausdruck bringen, ist das Desaster komplett. Was auch von den Empfindungen für das Kind hierbei die Schlimmste ist, der Schmerz oder das Schimpfen, im Gehirn wird es als ein misslungener Versuch gepaart mit einem sehr schlechten Gefühl abgelegt. Es wird nun jedes Mal, wenn ein Versuch misslingt, von den zuständigen Neuronen im Gehirn dieses schlechte Gefühl erzeugt wird. So entstehen durch das Erobern der persönlichen Welt viele Eindrücke, die wir im Gehirn abspeichern.

In der Kindheit ist vieles neu und die Offenheit für die Welt, die Menschen, Tiere und Erlebnisse ist groß. Doch jedes Mal, wenn wir in unseren Erfahrungen negative Gefühle erleben, reduziert sich diese Offenheit um ein Stückchen. Wir versuchen diese negativen Gefühle zu vermeiden und der Versuch, Neues zu erleben und auszuprobieren, wird immer seltener. Irgendwann haben wir unsere Sicht der Welt entwickelt, ganz gleich ob gut oder nicht, ob zufriedenstellend oder frustrierend. Da diese Sicht auf unseren Erfahrungen beruht, vermittelt sie uns auch eine gewisse Sicherheit. Und unser Gehirn unterstützt diese Einstellung durch die Programme, die dort auf Sicherheitsbewahrung programmiert sind. Das nennt man dann Lebenserfahrung.

Dabei sind die Programme, die unser Gehirn aufgrund unserer Erfahrungen entwickelt hat, nichts anderes als die Umformung von Neuronen durch Lernprozesse. Und so, wie sich diese Neuronen in der einen Weise formen ließen, lassen sie sich wieder umformen. Erfahrungen sind wie Straßen in unserem Gehirn, angelegt, um auf ihnen Informationen, die zu einer Erfahrung gehören, zu bewegen. Je öfter sie befahren werden, desto breiter und komfortabler werden sie. Immer wieder erfahrenes Leid gräbt sich ebenso wie oft erlebtes Glück in unserem Gehirn ein, so wie stark begangene Trampelpfade immer tiefer in das Grün der Wiese eingetreten werden. Seit wir mehr über die Arbeitsweise unseres Gehirns erfahren, wissen wir auch, dass diese Fährten sich umformen lassen. Man kann sie bildlich gesprochen neu verlegen und zu neuen Zielen führen, damit sie dorthin die Inhalte mit ressourcevollen Empfindungen tragen.

Heute können diese Verwandlungen im Kopf direkt sichtbar gemacht werden. In Videoaufnahmen kann man sehen, wie durch Lernen neue Verbindungen im Gehirn entstehen. Durch Wiederholung werden die Neuronen so stark angeregt, dass die Verbindungen um so konstanter und dauerhafter werden. Weitere Wiederholungen halten diese Verbindungen mit den dazugehörigen Gefühlen am Leben. Das gilt für positive und negative Gefühle, reale Erlebnisse oder Vorstellungen.

Für unser Training ist dabei eines von besonderer Bedeutung. Das Gehirn selber scheint bei diesen Speichervorgängen keine Unterschiede zu machen, ob sie nun real sind oder nicht. Sie kennen das alle. Längst vergangene Erlebnisse werden, hervorgerufen durch bestimmte Ereignisse, manchmal so empfunden, als seien sie in diesem Moment Realität.

Wir lernen also durch Erfahrungen und durch Vorstellungen. Diese Erkenntnis wird uns auf unserem weiteren Weg von großer Hilfe sein.

Die erste Orientierung - bevor Sie sich auf den Weg machen.

„Nur wer klare Ziele hat, verfügt über die Kraft, Träume Wirklichkeit werden zu lassen." (Graffiti)

Die Beschreibung dessen, was Sie erreichen wollen, sollte am Ende so umfassend sein, dass Sie das Gefühl haben, Sie hätten das Ganze schon einmal erlebt. Dann wird auch Ihr Gehirn Sie bei der Zielerreichung so unterstützen, als würden Sie eine gute Sache noch einmal erleben.

Wie soll Ihr Ziel aussehen? Welche Vorstellungen haben Sie von dem, was Sie erreichen wollen? Wie wahrscheinlich ist es in diesem Moment für Sie, dass Sie Ihre Zielvorstellung umsetzen können? Nehmen Sie dazu die folgende Skala der Erreichbarkeit. 1 bedeutet gar nicht und 7 heißt voll und ganz. Tragen Sie ein, wie wahrscheinlich es für Sie heute ist, dass Sie das Ziel erreichen werden.

Skala: Wahrscheinlichkeit der Zielerreichung

1 _____ 7

Übung: Den Ort der eigenen Ressourcen erschaffen

Bevor Sie sich erfolgreich auf den Weg zu Ihren beruflichen oder persönlichen Zielen aufmachen, ist es wichtig, dass Sie sich eine gute Ausgangsposition verschaffen. Und diese gute Position finden Sie in sich selbst. Erinnern Sie sich einmal an all die Begebenheiten und Situationen, in denen es Ihnen richtig gut gegangen ist.

Es mag sein, dass Ihnen in dem Moment, in dem Sie nach diesen Erlebnissen suchen, nichts einfällt. Vor allem wenn Sie sich nicht gut fühlen, kann das der Fall sein. Manchmal ist es schwierig, sich an die guten Dinge zu erinnern, weil so vieles andere aktuell wichtiger erscheint. Oder Sie sind nicht sicher, ob es wirklich so schön war, dass es ausreicht für das Ressourcenbild. Was immer Sie in diesem Moment wahrnehmen, es wird Ihnen helfen, die richtige Erinnerung zu finden. Haben Sie Verständnis mit sich und denken Sie einfach an Situationen, die irgendwann einmal da gewesen sind und irgendwie gut waren. Sicherlich wird mit der Zeit die eine oder andere auftauchen, in der Sie sich gut gefühlt haben. Denken Sie auch daran, dass diese Situation nichts mit Ihrer heutigen Situation zu tun haben muss. Sie kann aus einem völlig anderen Zusammenhang stammen.

Vielleicht fällt Ihnen etwas ein, wo Sie kraftvoll und

energiegeladen waren. Oder Sie erinnern sich an eine Situation, in der Sie besonders zufrieden waren und ausgeglichen oder froh. Vielleicht waren Sie auch glücklich oder ausgelassen dabei. Suchen Sie sich die drei besten Situationen aus, und aus diesen drei Situationen wählen Sie wiederum die beste als Ihre Ressourcensituation aus.

Vielleicht liegt es schon lange zurück, Monate, Jahre oder Jahrzehnte, oder es war erst gestern. Wann immer es war, als Sie sich so richtig gut gefühlt haben und wo immer es war und mit wem, alleine oder mit anderen Menschen, versuchen Sie nun, noch einmal, diese Situation zu erleben. Gibt es Bilder, die Ihnen dazu einfallen, vielleicht Geräusche oder Gerüche? Können Sie noch einmal spüren, was Sie damals gespürt haben? Nehmen Sie alles wahr. Wiederholen Sie das ganze Erleben, und es ist völlig in Ordnung, wenn Ihre Aufmerksamkeit von dieser Situation weggeht zu anderen Erlebnissen, in denen Sie sich auch gut gefühlt haben. Nehmen Sie alles Schöne und Angenehme wahr. Achten Sie darauf, welches Gefühl in diesem Moment mit der Erinnerung verbunden ist. Wo und wie nehmen Sie es wahr? Ist es warm oder kühl, angenehm oder neutral? Achten Sie auf alles und erleben Sie es neu.

Wenn Sie dies ausgiebig getan haben, finden sie ein Wort,

welches diese Situation beschreibt. Sprechen Sie das Wort laut aus, mit Ihrer Stimme, welche die Situation wiedergibt. Dieses Wort soll ausdrücken, was Sie erlebt haben.

Schreiben Sie nun dieses Wort auf ein Blatt Papier, während Sie es laut wiederholen. Sie können das Wort auch gestalten, verzieren, mit einem Bild versehen etc. Dieses Blatt Papier können Sie nun falten und als Lesezeichen für dieses Buch benutzen, um es immer wieder bei Bedarf hervorzuholen. Sprechen Sie dann das Wort laut oder im Stillen aus und benennen Sie damit diese angenehme Situation.

Sie haben sich mit dem soeben gefundenen Erlebnis einen Ressourcenort geschaffen, zu dem Sie jederzeit gelangen können, um die Kraft, die ihm innewohnt, abzurufen, wenn Sie sie benötigen. Sie haben sozusagen einen Anker ausgeworfen an dem Ort, zu dessen positiver Ausstrahlung Sie jederzeit mit seiner Hilfe gelangen können.

Aber das ist noch nicht das Ziel. Damit Sie den Weg erfolgreich zurücklegen, ist es notwendig, dass Sie sich mit den Dingen ausstatten, die Sie für die Reise benötigen. Welche Dinge sind das, die Sie dabeihaben sollten, um zufrieden am Ziel anzukommen?

Das hängt natürlich davon ab, was Sie erreichen wollen und was Sie erwarten. Vielleicht ist Ihnen noch gar nicht klar, wo die Reise hingehen soll. Sie wissen lediglich, dass Sie weg wollen. Woher sollen Sie da wissen, was Sie brauchen? Vielleicht wissen Sie ja, was und wohin Sie wollen, spüren aber unerklärliche Hindernisse, die Sie ausbremsen.

Was Sie auch hindern mag, mit Zufriedenheit Ihre Ziele zu erreichen, es ist Grund genug, mit unserem Training zu beginnen.

Vorbereitung auf den Time-Line-Test – die Visualisierung der eigenen Lebenslinie

Die folgende Checkliste gibt Ihnen eine Einschätzung Ihrer Fähigkeiten. Diese werden Sie brauchen, wenn Sie Ihr Leben nach Ihren Vorstellungen gestalten wollen.
Die Liste beinhaltet eine Reihe von Fragen, zu denen Sie bitte auf einer Skala von 1 bis 7 eine Einschätzung abgeben. 1 steht hier für sehr schlecht und 7 für voll, ganz und bestens. Antworten Sie möglichst spontan und zügig und betrachten Sie anschließend das Gesamtergebnis.

Wie ist Ihre Fähigkeit, schnell Entscheidungen zu treffen?

1 _____ 7

Wie ist Ihre Fähigkeit, abzuschalten und zu entspannen?

1 _____ 7

Wie ist Ihre Fähigkeit, Kontakte zu schließen?

1 _____ 7

Wie ist Ihre Fähigkeit, Freundschaften zu pflegen?

1 _____ 7

Wie ist Ihre Fähigkeit, ein gutes Verhältnis zu Mitmenschen allgemein zu schaffen?

1 _____ 7

Wie ist Ihre Fähigkeit, ein gutes Verhältnis zu Mitarbeitern und Kollegen erreichen?

1 _____ 7

Wie ist Ihre Fähigkeit, ein gutes Verhältnis zu Vorgesetzten zu erreichen?

1 _____ 7

Wie ist Ihre Fähigkeit, eine gute Beziehung zur eigenen Familie zu haben?

1 _____ 7

Wie ist Ihre Fähigkeit, sich erfolgreich Ziele zu setzen?

1 _____ 7

Wie ist Ihre Fähigkeit, erfolgreich Ziele zu erreichen?

1 _____ 7

Wie ist Ihre Fähigkeit zur Selbstmotivation?

1 _____ 7

Wie ist Ihre Fähigkeit im Umgang mit Geld?

1 _____ 7

Wie ist Ihre Fähigkeit im Verhalten sich selbst gegenüber? Wie
gehen Sie mit sich um?

1 _____ 7

Wie ist Ihre Fähigkeit im Bereich der körperlichen Fitness?

1 _____ 7

Wenn sie die persönliche Bewertung beendet haben, schauen Sie noch einmal Ihre Selbsteinschätzung an. Was fällt Ihnen auf? Was gefällt Ihnen, was missfällt Ihnen? Gibt es Bereiche, die Sie gerne anders hätten?

Legen Sie nun Ihren Selbsttest zur Seite und begeben Sie sich mit mir auf Ihre persönliche Time-Line. Time-Line bedeutet Zeitlinie und meint hier die Linie Ihrer persönlichen Lebenszeit, welche Sie in der folgenden Übung erlebbar machen.
Bevor Sie mit der Übung beginnen, lesen Sie die folgende Beschreibung aufmerksam durch.

Der Time-Line-Test oder (wie) passt mein berufliches Ziel in meine Zukunft?

Suchen Sie sich einen Raum, in dem Sie ungestört sind. Sie benötigen drei Karten oder Zettel. Schreiben Sie auf eine Karte ein G für Gegenwart, auf den Zweiten ein Z für die Zukunft und auf den Dritten ein M für Metaposition, was so viel bedeutet wie neutrale Übersichtsposition außerhalb der Time-Line.

Schritt 1:

Bestimmen Sie einen Punkt im Raum für Ihre gegenwärtige Situation und legen dort Ihre G-Karte (Gegenwart) ab. Stellen Sie sich auf diesen Punkt und schauen, in welcher Richtung sinnbildlich Ihre Zukunft im Raum liegen soll. Wenn Sie noch kein konkretes Ziel haben, nehmen Sie als Ziel die Zeit, in der Sie wissen werden, was Ihr Ziel sein wird. Wo wollen Sie in der Zukunft das Ziel ansiedeln? Es ist nicht wichtig, ob Sie die Richtung kennen. Blicken Sie zu irgendeinem Punkt im Raum und ....

Schritt 2:

..... gehen Sie zu diesem Punkt. Legen Sie an dieser Stelle die Z-Karte (Zukunft) ab. Stellen Sie sich vor, die Z-Karte ist mit

Ihrer G-Karte durch eine Linie verbunden, die wir Zeitlinie oder Time-Line nennen.

Schritt 3:

Verlassen Sie nun diese Line und finden einen Punkt, von dem aus Sie einen guten Überblick über Ihre Time-Line von der Gegenwart bis zur Zukunft haben. Das ist der Punkt für Ihre Meta-Position (neutraler Punkt außerhalb), auf den Sie die M-Karte legen.

G _____ Z

M

Schritt 4:

Stellen Sie sich nun auf den Gegenwartspunkt G und malen sich einmal aus, wie es sein wird, wenn Sie Ihr Ziel erreicht haben. Machen Sie weiter, auch wenn Ihr Ziel noch nicht konkret sichtbar ist. Stellen Sie sich in diesem Fall vor, wie es sein wird, wenn Sie wissen, welches Ihr Ziel ist. Schauen Sie dazu auf den Punkt, der Ihr Zukunftsziel repräsentiert, und stellen Sie sich vor, wie Sie aussehen werden, wenn Sie dort angekommen sind. Wie ist dann Ihr Blick, Ihr Gesichtsausdruck, Ihre Körperhaltung? Wo sind Ihre Arme, fallen sie locker oder sind sie angespannt, ebenso die Hände, ist der Kopf gehoben oder gesenkt? Können Sie erkennen, wie Sie sich fühlen werden? Was zeigt Ihnen Ihre Fantasie zu diesem Erleben, wenn Sie Ihr Ziel erreicht haben?

Schritt 5:

Während Sie sich so wahrnehmen, gehen Sie nun langsam in Richtung Zukunftspunkt Z, dorthin, wo Sie sich sehen, wie Sie Ihr Ziel erreicht haben. Gehen Sie sehr langsam und machen Sie jeden Schritt bewusst, bis Sie dort angekommen sind. Stellen Sie sich genau so auf den Z-Punkt, wie Sie sich gesehen haben. Nehmen Sie die Körperhaltung ein, die Blickrichtung, alles, was Sie sich vorgestellt haben. Wie fühlen Sie sich? Nehmen Sie alles ausgiebig wahr. Wie ist es, das Ziel erreicht zu haben. Ist es gut, angenehm, oder fehlt etwas? Was könnte das sein? Nehmen Sie es hinzu und verändern Sie Ihre Haltung entsprechend. Und nun schauen Sie zurück in Ihre Gegenwart, zu dem Punkt G, von dem Sie eben losgegangen sind. Was fühlen Sie? Was denken Sie, wenn Sie sich dort in der heutigen

Gegenwart sehen, bevor Sie losgegangen sind. Welchen Rat können Sie sich mit den Erfahrungen aus der Zukunft geben?

Schritt 6:

Gehen Sie nun langsam auf der Time-Line zurück in Ihre Gegenwart und nehmen das Wissen aus der Zukunft mit.

Wenn Sie auf dem Punkt G angekommen sind, schauen Sie zu Ihrem Punkt Z. Melden sich Bedenken, befürchten Sie negative Konsequenzen oder unangenehme Folgen, wenn Sie dieses Ziel erreichen würden? Achten Sie dabei auf Ihren Körper. Was sagt er Ihnen? Wie ist Ihre Körperhaltung?

Schritt 7:

Machen Sie nun einen Schritt aus Ihrer Time-Line heraus, atmen tief ein und begeben Sie sich auf den Meta-Punkt M. Beobachten Sie von diesem Übersichtspunkt aus zuerst, wie Sie in der Gegenwart gestanden haben und folgen Sie dann mit den Augen der Time-Line bis zum Punkt Z, dorthin, wo Sie Ihr Ziel erreicht haben werden. Gibt es vom Punkt M aus Ideen, was Sie anders machen könnten, was besser sein könnte? Vielleicht müsste Ihre Körperhaltung anders sein, wenn Sie am Ziel sind, der Kopf oder der Blick Ihren Erfolg deutlicher machen, oder ist alles gut so, wie es ist? Betrachten Sie alles genau und gehen Sie dann mit den neuen Ideen zu Punkt G. Schreiten Sie noch einmal langsam zu Punkt Z.

Schritt 8:

Nehmen Sie wieder alles wahr. Was könnte noch besser sein, was beunruhigt Sie? Was stellt Sie noch nicht zufrieden? Schauen Sie zum Punkt G und sehen Sie sich wieder in Ihrer heutigen Gegenwart. Beenden Sie die Übung, indem Sie wieder zurück zu Ihrer Gegenwart gehen, und nehmen das Wissen, welches Sie soeben gewonnen haben, dorthin mit.

Schreiben Sie auf, was Sie erlebt haben und was von Bedeutung für Sie war!

Ihr Time-Line-Test

Haben Sie die Übung durchgeführt? Was haben Sie erlebt? Ist Ihnen eine Idee gekommen, was es für Sie bedeuten kann, Ihr angestrebtes Ziel zu erreichen? Haben Sie Einwände gespürt, oder konnten Sie den Zukunftspunkt ohne Hindernisse sehen und erreichen?

Durch diese Übung haben Sie Hinweise erhalten, wie Sie Ihr Ziel erreichen können, bzw. was Sie davon abhält, dort anzukommen, wo Sie hin wollen. Diese Hinweise können deutlich oder unklar sein. Sie können Ihnen Ideen bringen oder nur ein vages Empfinden. Vielleicht ist es auch scheinbar nichts, was Sie als Hinweis entdecken können. Doch auch das ist ein Zeichen, wie Sie schon bald sehen werden. Nehmen Sie alles als eine Unterstützung, um auf Ihrem Weg voranzukommen.

Diejenigen, bei denen Hindernisse aufgetaucht sind, werden jetzt vielleicht fragen: „Das soll eine Hilfe sein?" Doch denken Sie daran, dass ein Hindernis, welches ich kenne, mir die Gelegenheit bietet, etwas zu verändern. Ich muss nur wissen, was es ist und was ich benötige.

Deshalb möchte ich Sie bitten, zum nächsten Schritt weiter zu gehen.

Wissen Sie, was Sie können?

Übung: Das kann ICH gut!

Nehmen Sie ein Blatt Papier. Schreiben Sie an den oberen Rand Ihren Namen und „Das kann ich gut". Schreiben Sie nun mindestens zwanzig Punkte auf, die Sie gut können. Schreiben Sie alles auf, was Ihnen einfällt. Kleine Dinge genauso wie große.

Lassen Sie sich Zeit und verteilen Sie die Aufgabe nach Belieben auch auf mehrere Tage.

Haben Sie mindestens zwanzig Dinge gefunden, die Sie gut können? War es einfach oder hatten Sie Probleme?

Ein Tipp: Wiederholen Sie diese Übung von Zeit zu Zeit, denken Sie dabei, was Sie an diesem Tag oder in der vergangenen Woche gut gekonnt haben. Schreiben Sie es auf, wie Sie es jetzt getan haben.

Der Blick aufs Ziel

Sie haben bereits einiges erfahren über das, was Sie können, was Sie wollen und was Sie sich wünschen. Vielleicht war Ihnen vieles davon bekannt und es wurde nun etwas deutlicher. Aber reicht das aus, um an ihr Ziel zu kommen?

Es ist ein Schritt, aber es reicht natürlich noch nicht aus, um das Ende des Weges zu erreichen. Daher überprüfen Sie zunächst einmal, was und wie Sie das, was Sie anstreben, wahrnehmen. Was sehen oder vermuten Sie dort, wo Sie Ihr Ziel ansiedeln?

Ich möchte Ihnen einige Beispiele geben, die Ihnen zeigen sollen, wie man durch die entsprechende Visualisierung eines Vorhabens die Wirkung verstärken kann. Hierzu möchte ich Ihre Aufmerksamkeit ein weiteres Mal auf die Fähigkeit unseres Gehirns lenken, das Erreichen eines Zieles umso mehr zu unterstützen, wenn die Repräsentation im Gehirn exakt dem entspricht, was Sie erreichen wollen.

Ein Beispiel: Ich möchte eine Gehaltserhöhung bei meinem Chef erreichen. Was muss ich tun? Ich stelle mir vor, wie ich zum Chef gehe und ihm dieses mitteile. Was stelle ich mir vor? Den Chef, wie er schauen wird? Nein, denn das kann ich nicht wissen, das macht schließlich er. Ich male mir vielmehr aus, wie ich vor dem Chef stehe oder sitze, wie ich aussehe, was ich sage, meine Körperhaltung etc.

Ein weiteres Beispiel: Ein Handwerksmeister, der bisher in einem großen Betrieb gearbeitet hat, beschließt, sich selbstständig zu machen. Hierzu benötigt er Räumlichkeiten für eine Werkstatt, Lager und Büro. Wenn er nun hingeht, und sich diese Räumlichkeiten in seiner Vorstellung erschafft, ist das sicher ein erster guter Schritt. Er malt sich also aus, wie groß die Werkstatt sein wird, welche Maschinen dort stehen werden. Dann geht er weiter mit seiner Vorstellung ins Lager. Dort sieht er Regale gefüllt mit Material. Er stellt sich alles genau vor und geht dann weiter ins Büro. Dort sieht er einen Schreibtisch und Stühle, vielleicht auch seine Mitarbeiter.

Aber was fehlt, um dem Gehirn zu vermitteln, das ist meins, das gehört zu mir? Die Vorstellung von ihm selbst in seiner Planung. Erst wenn der Handwerksmeister sich selber in der Werkstatt sieht, wie er im Lager steht oder am Schreibtisch sitzt, erst dann weiß das Gehirn, wem es diese Zukunftsvorstellung zuordnen soll.

Die richtige Zieldefinition

Ich möchte Sie bitten, sich die folgenden Regeln genau und mit Ruhe anzuschauen, denn Sie sind die Grundlage für eine erfolgreiche Zielerreichung.

Regeln zur erfolgreichen Zielerreichung:

Regel Nummer 1: Ziele sollten immer positiv formuliert werden!

Was bedeutet das? Die Zielformulierung gibt die Richtung an, in die Sie sich bewegen werden, um Ihr Ziel zu erreichen. Was passiert also, wenn Sie Ihr Ziel folgendermaßen formulieren: "Mein Ziel ist es, diesen ungeliebten Job nicht mehr zu machen?" Sie schauen sich den Job an, den Sie nicht mehr machen wollen. Ihr Blick geht in Richtung alter Job und was sehen Sie da? Natürlich das, was Ihnen nicht gefällt. Und genau das signalisieren Sie auch Ihrem Gehirn. Die Folge ist, dass Sie immer unzufriedener werden und Ihre Energie verschwenden. Was soll aber passieren? Wo ist die Alternative, das Neue? Es gibt sie bei dieser Formulierung nicht. Sie bestimmen lediglich, was Sie nicht mehr machen wollen. Wahrscheinlich können Sie sich denken, um wie vieles größer die Gefahr ist, zu stolpern und sich zu verletzen, wenn Sie beim Vorwärtsgehen nach hinten schauen. Und wenn Sie Stürze vermeiden wollen, müssen Sie immer wieder stehen bleiben, um sich umzuschauen. Wie kommen Sie wohl am schnellsten und sichersten ans Ziel? Natürlich, wenn Sie Ihr Ziel kennen und dorthin schauen, wo Sie hinwollen.

Die Formulierung sollte sinngemäß Folgendes enthalten: „Mein Ziel ist es, zukünftig das.................zu tun, das............. zu haben, usw. ...."

Regel Nummer 2: Das Ziel sollte sinnes-spezifisch, das heißt, mit allen Sinnen erlebbar und so präzise wie möglich formuliert werden!

Wenn Sie sagen: „Morgen suche ich mir einen anderen Job." Dann erfüllen Sie zwar die Regel 1, verstoßen aber gegen Regel 2. Die Aussage „ein anderer Job" ist sehr vage. Es ist so, als bestellen Sie sich in einem Versandhaus eine Hose. Sie schreiben auf den Bestellzettel „Eine Hose". Was meinen Sie, was Sie bekommen?

Fragen Sie sich, was genau Sie wollen und formulieren Sie es positiv. Stellen Sie sich als ganze Person mit Ihrem ganzen Erleben vor, wie Sie dieses Ziel erreicht haben werden.

Fragen Sie sich:
Was werde ich sehen, wenn ich mein Ziel erreiche?

Was werde ich hören, wenn ich mein Ziel erreiche?

Was werde ich fühlen, wenn ich mein Ziel erreiche?

Was werde ich riechen, wenn ich mein Ziel erreiche?

Was werde ich schmecken, wenn ich mein Ziel erreiche?

Regel Nummer 3: Das Ziel muss von Ihnen selber erreichbar sein.

Wenn Sie sich selbstständig machen wollen und deshalb auf einen großen Lottogewinn hoffen, dann können Sie nicht wirklich erwarten, dass Sie jemals in Ihrem Leben selbstständig werden.
Wenn Sie sich eine Gehaltserhöhung wünschen, aber nichts

sagen oder tun, um diesen Wunsch Ihrem Chef zu verdeutlichen, sondern nur darauf warten, dass er erkennt, welch ein hervorragender Mitarbeiter Sie sind, dem eine Gehaltserhöhung schon lange zusteht, dann kann das noch lange so weitergehen.

Wer sich darauf verlässt, das andere seine Gedanken lesen, ohne dass er etwas sagt, darf sich nicht wundern, wenn nichts geschieht!
Fragen Sie sich, ob Sie Ihr Ziel aus eigener Kraft erreichen können. Seien Sie immer Bestandteil Ihrer Zielvorstellung. Visualisieren Sie sich in der Situation, die Sie erreichen wollen. Formulieren Sie dann das Ziel, als hätten Sie es bereits erreicht.

Regel Nummer 4: Zu dem Ziel muss ein klarer Zeitrahmen gehören.

Formulierungen wie: „Irgendwann höre ich hier auf," oder „Irgendwann komme ich ganz groß raus" sind da wenig hilfreich.

Legen Sie fest, bis wann Sie Ihr Ziel erreicht haben wollen.

Weil es so wichtig ist, möchte ich anhand der folgenden Beispiele zeigen, wie Sie ein Ziel richtig formulieren.

Beispiel 1:

<u>Falsch</u>: Wenn Sie sagen: „Mein Ziel ist es, mich ab morgen nicht mehr über meinen Chef zu ärgern", so drücken Sie da etwas negativ aus, sagen nicht genau, wann Sie sich nicht mehr ärgern werden und über was genau Sie sich nicht mehr ärgern. Ihre Aufmerksamkeit wird hier auf den momentan Zustand gelenkt, in dem ihr Gehirn das Negative der Situation registriert, jedoch keinen Impuls für eine Lösung erhält.

<u>Richtig</u>: Stellen Sie sich vor, wie Sie sein wollen, wenn Sie ihrem Chef begegnen. Wollen Sie z.B. gelassen sein und ruhig, dann bringen Sie es auch in Ihre Zielbeschreibung. Denken Sie dabei auch an Situationen aus Ihrem Leben, in denen Sie diese Eigenschaften, die Sie benötigen, schon einmal hatten. Dabei ist es gleichgültig, ob die Situationen der jetzigen ähnlich sind oder in einem ganz anderen Zusammenhang stattfanden. Sie könnten an etwas denken, wo Sie sehr gelassen und stark waren und sich z.B. folgende Situation vorstellen:

„Morgen früh, wenn ich meinem Chef begegne, werde ich die Gelassenheit und Stärke fühlen, die ich aus anderen Situationen von mir kenne. Ich werde dies an der Haltung meines Körpers festmachen, denn immer wenn ich mich gelassen und stark fühle, trage ich meine Schulter ein wenig nach hinten, der Nacken ist warm und meine Füße berühren fest den Boden."

Wenn Sie Ihre Formulierung so eindeutig gestalten, geben Sie Ihrem Gehirn die nötigen Impulse, um Sie in der kommenden Begegnung richtig zu steuern. Stellen Sie sich dann die Situation mit allen oben beschriebenen Attributen vor, als wäre sie jetzt bereits Wirklichkeit.

Beispiel 2:

<u>Falsch:</u> „Irgend einmal werde ich ein eigenes Geschäft besitzen, mein eigener Herr sein und viel Geld verdienen."

Diesen oder einen ähnlichen Traum kennen sicher viele von Ihnen. Leider kennen auch viele von Ihnen das Gefühl, diesen Traum immer wieder zu träumen und auch immer wieder zu begraben. Irgendwann einmal, ja, da wird alles besser, da werde ich .... etwas Neues beginnen, ... ihm die Meinung sagen, ... mein Glück finden ....

Sie haben in diesem Buch gelernt, dass das Gehirn klare Vorgaben benötigt, um sie umsetzen zu können. Wie klar ist jedoch die obige Aussage? Weder wann, noch was genau, noch wie viel wird dort angegeben.

<u>Richtig:</u> Gut wäre z.B. folgende Formulierung: „Im nächsten Sommer mache ich ..... beginne ich mit .... . Ich werde folgendermaßen aussehen .... (stellen Sie sich nun ganz realistisch vor, wie Sie aussehen werden), ich werde .... hören, ... fühlen, ... schmecken, ... riechen.

Im Sommer des darauf folgenden Jahres mache ich .... EURO Umsatz . Ich sehe dabei folgendermaßen aus ...... und nehme die Welt und die Menschen um mich herum folgendermaßen wahr ....

Was auch immer Sie planen und wünschen: Tun Sie es konkret, mit allen Sinnen, als wüssten Sie, wie es sein wird, wenn Sie es erreicht haben. Vermitteln Sie sich das Gefühl, dass Sie Ihr Ziel kennen. Und achten Sie auf Hinweise, ob Ihr Ziel so und zum gewählten Zeitpunkt ganz von Ihnen akzeptiert wird oder ob es in Ihnen Einwände gibt, die oft sehr subtil wirken können.

Das Ziel zum Leben bringen

Nachdem Sie nun einige wertvolle Tipps und Regeln für die richtige Formulierung von Zielen gelesen haben, versuchen Sie doch jetzt einmal, Ihre Ziele nach den oben genannten Regeln zu beschreiben.

Beginnen Sie damit, dass Sie sich einen ruhigen Ort suchen, an dem Sie ungestört die nächste Stunde verbringen können. Nehmen Sie einige Blätter Papier und einen Stift oder Ihr Notebook dazu. Vielleicht schauen Sie auch noch einmal auf das Wort, welches Sie sich auf das Lesezeichen geschrieben haben. Kann es Ihnen bei der Formulierung helfen?
Benennen Sie nun das Ziel, welches Sie erreichen wollen. Haben Sie mehrere Ziele, nehmen Sie das, welches sich am klarsten meldet und welches Sie am besten wahrnehmen können.
Ist Ihr Ziel nur unscharf oder verschwommen, so nehmen Sie es, wie es ist. Es ist auch möglich, als Ziel das Finden eines Zieles zu nehmen.

Sagen Sie sich zuerst: „Wenn ich sicher sein könnte, dass ich auf keinen Fall scheitern kann, was würde ich dann tun?"

Schreiben Sie nun auf, was Sie erreichen wollen. Träumen Sie, fantasieren Sie und fassen Sie Ihr Ziel in einem oder zwei Sätzen zusammen.

....

Schauen Sie sich noch einmal die oben beschrieben Regeln an. Beantworten Sie die folgenden Fragen schriftlich:

Wann werde ich dieses Ziel erreichen?

....

Wer ist daran beteiligt?

....

Wie werde ich mich verhalten, wenn ich das Ziel erreicht habe?

....

Wo und wem gegenüber werde ich mich so verhalten?

....

Was werde ich innerlich wahrnehmen, wenn ich dieses Ziel erreicht haben werde?

....

Was werde ich sehen? Wie werde ich meine Umwelt wahrnehmen? Ist sie farbig oder schwarz/weiß, bunt oder eher gedeckt, klar und scharf oder unscharf? Was nehme ich noch wahr?

....

Was werde ich hören? Sind es Töne, Geräusche, Stimmen? Sind sie klar oder diffus? Was werde ich noch hören?

....

Was werde ich fühlen? Wo im Körper fühle ich es? Welche Temperatur hat das Gefühl. Ist es angenehm, leicht oder schwer? Was fühle ich noch?

....

Werde ich etwas riechen?

....

Was werde ich schmecken?

....

Wenn Sie die oben genannten Fragen beantwortet haben, stellen Sie sich folgendes Szenario vor:

Sie machen die Dinge, die Sie normalerweise an diesem Tag tun werden. Abends gehen Sie zu Bett. Irgendwann schlafen Sie ein. Sie schlafen tief und fest. Während Sie schlafen, geschieht ein Wunder. Und durch dieses Wunder wird all das, was Sie vorher formuliert haben, in Erfüllung gehen. Ihr Ziel wird verwirklicht, doch Sie schlafen ja und bemerken nicht, dass dieses Wunder geschieht. Am nächsten Morgen erwachen Sie, ohne zu wissen, was passiert ist. Aber es ist geschehen. Woran werden Sie erkennen, dass das Wunder passiert ist? Da sich nun Ihr Wunsch erfüllt hat, werden Sie es sicher an etwas bemerken.

Schreiben Sie auf, woran Sie und andere bemerken werden, dass dieses Wunder passiert ist:

An mir selbst werde ich bemerken, dass ...

Andere Menschen (welche Menschen?) werden an mir bemerken, dass ...

Ich werde an anderen Menschen (welchen Menschen?) bemerken, dass ...

Gibt es Menschen, die etwas dagegen haben, dass das Wunder geschehen ist? Mit welchen Menschen könnte es zu Problemen kommen.

Kapitel 2

B.E.L.L.A. Erkennen von Hindernissen

Die Suche nach Ihren internen Hindernissen

„Probleme kann man niemals mit derselben Denkweise lösen, durch die sie entstanden sind." *(Albert Einstein)*

Was denken Sie, nachdem Sie das Kapitel 1 beendet haben und wie fühlen Sie sich jetzt? Vielleicht haben Sie einige Einwände wahrgenommen. Hatten Sie störende Gedanken oder Gefühle? Wenn ja, dann sind Sie hier genau richtig.

Oder ging alles glatt? Sie haben Ihr Ziel formuliert, das Wunder erfolgreich durchlebt und wollen nun das Ergebnis erleben?

Dann können Sie dieses Kapitel überfliegen und mit Kapitel 3 fortfahren.

In diesem Kapitel werden Sie lernen, wie Sie Ihre eigenen Einwände und Widerstände nutzen können, um an Ihr Ziel zu gelangen.

Übung:

Überprüfen Sie bitte Ihre Befindlichkeit, wenn Sie sich das Gelingen Ihrer Vision mit allen Einzelheiten vorstellen. Gibt es Widerstände, Zweifel oder ein Unwohlsein bei dem Gedanken, dass Ihr so formuliertes Ziel Wirklichkeit wird?

Schreiben Sie alles auf, was Ihnen an Einwänden, Zweifeln und unangenehmen Gefühlen aufgefallen ist. Konnten Sie alles deutlich erleben oder waren da auch verschwommene Elemente? Haben Sie sich selber im Bild sehen können oder nicht? Gab es Stimmen in Ihnen, die der Zielerreichung widersprachen? Hörten Sie einschränkende Sätze oder Überzeugungen?

Zu den häufig existierenden einschränkenden Sätzen, die sicher auch viele von Ihnen kennen, zählen Aussprüche wie die folgenden :

Geld verdirbt den Charakter.

Ohne Fleiß kein Preis.

So einfach geht das nicht.

Früher Vogel fängt die Katze.

Sport ist Mord.

Ich bin zu jung, zu unerfahren, zu ungebildet, zu ...., um beruflich erfolgreich zu sein.

Beruf und Spaß gehören nicht zusammen.

Erst die Arbeit, dann das Vergnügen.

Nur was schwer ist, ist auch wertvoll.

Beruflicher Erfolg und Zeit für die Familie lassen sich nicht unter einen Hut bringen.

Das Leben ist kein Ponyhof / Wunschkonzert / Versandhauskatalog ...

Sicherlich kennen Sie solche Sätze und Sie könnten die Liste weiter fortsetzen.

Sätze wie diese wollen Ihnen einreden, dass das, was Sie sich vornehmen, so oder gar nicht möglich ist. Oder sie wollen Sie glauben machen, dass vorher noch bestimmte Bedingungen erfüllt werden müssen, bevor es gelingen kann, oder dass der Zeitpunkt noch zu früh ist usw.

Das Dumme an diesen Sätzen ist, dass Sie, wenn man Ihnen

folgt, immer wieder dann auftauchen, wenn man weitergehen will. Sie geben keine Ruhe, sind zuverlässig einschränkend zur Stelle, wenn man in den Bereich kommt, der in ihrer Zuständigkeit liegt, und wirken kraftvoll gegen unser Vorhaben, bis wir nachgeben und es wieder so machen, wie wir es immer gemacht haben. Frei nach dem Motto: „Was ich habe, weiß ich. Da kenne ich mich aus und fühle mich sicher." Auch wenn Sie dort nicht so zufrieden sind, wie Sie es sich wünschen.

Schreiben Sie alle einschränkenden Sätze und Überzeugungen, die Ihnen in den Sinn kommen, wenn Sie an Ihr Erfolgsziel denken, auf. Notieren Sie alles, was Ihnen einfällt. Erinnern Sie sich, was Sie früher gedacht haben, wenn Sie an Ihr Ziel, an Veränderungen oder Verbesserungen Ihrer Situation gedacht haben. Oder was würden Personen aus Ihrer Vergangenheit, die Ihnen viel bedeutet haben und noch bedeuten, kritisch eingewendet haben.

Schreiben Sie alles in einer Liste auf und bewahren Sie die Liste so auf, dass Sie sie zu einem späteren Zeitpunkt weiter nutzen können.

Fragen Sie sich: „Wenn ich an mein Ziel, meinen Wunschtraum

denke, habe ich folgende einschränkende, kritische oder abwertende Einwände:"

Analyse des Gegenwartszustands

Sie haben bereits die ersten Schritte in eine erfolgreiche Zukunft gemacht. Sie haben erfahren, was es bedeutet, ein Ziel richtig zu visualisieren und gehirngerecht darzustellen. Nun fragen Sie sich vielleicht, weshalb Sie sich zuerst mit der Zukunft beschäftigen und erst dann die momentane Situation beleuchten sollen.

Die Antwort ist einfach. Denken Sie einmal daran, wie Sie bisher Ihr Leben wahrgenommen haben. Wie haben Sie reagiert, wenn etwas nicht so lief, wie Sie es wollten. Haben Sie sich schlecht, unzufrieden und unglücklich gefühlt? Und wenn Sie es geändert haben, was haben Sie dann getan? Wie sind Sie in solchen Fällen vorgegangen? Wie unterstützend waren dann Ihre Überlegungen? Hat Ihnen das Forschen nach Gründen und die Konzentration auf das, was schlecht war, geholfen oder hat diese Strategie eine Schleife in Gang gesetzt, die bewirkte, dass Ihre Unzufriedenheit und die gewählten Kompromisse eine tatsächliche Lösung verhindert haben?

In dem vorhergehenden Kapitel habe ich Sie mit einer Methode bekannt gemacht, mit deren Hilfe Sie ein zielgerichtetes, gehirngerechtes Denken erlernen. Dieses Denken beinhaltet ein stark ressourcen- und zukunftsorientiertes Modell.

Um jedoch alle Aspekte einer optimalen Problemlösung und Zielerreichung zu erkennen, ist es auch wichtig, den aktuellen Zustand zu kennen und zu beschreiben. Schließlich ist das der Ausgangspunkt, von dem Sie den ersten Schritt in die gewünschte Zukunft tun. Die folgende Ist-Analyse stellt die Beschreibung Ihres Erlebens und der dazugehörigen Bedingungen dar, die für Ihren jetzigen Zustand mit verantwortlich sind.

Schauen Sie sich hierzu einmal die folgende Checkliste an. Haben Sie im vorherigen Kapitel Ihr Ziel beschrieben? Beantworten Sie dann die folgenden Fragen.

Was genau verstehen Sie unter beruflichem oder persönlichem Erfolg?

....

Wer kann mich auf meinem Weg unterstützen?

....

Wer könnte mich hindern?

....

Wie verhält sich meine Familie dazu?

....

Wie reagieren Eltern, Freunde, Bekannte?

....

Welches fachliche Wissen benötige ich sofort und welches kann ich mir später aneignen?

....

Wie viel davon habe ich zur Verfügung und was muss ich noch lernen?

....

Was verändert sich zwischenmenschlich bei der angestrebten Veränderung, wenn ich z.B. vom Mitarbeiter zum Chef werde?

....

Wo liegen hier meine Stärken und welche sollte ich erweitern?

....

Fügen Sie hier bei Bedarf weitere Fragen ein und beantworten Sie diese.

....

Betrachten Sie nun aufmerksam die Antworten und überlegen Sie, ob das, was Ihren Status quo ausmacht, ausreicht, um Ihr Ziel zu erreichen. Welche objektiven Informationen benötigen Sie noch?

Bedienen Sie sich der unterschiedlichen Möglichkeiten, die Ihnen hierzu geboten werden. Vielleicht finden Sie geeignete Fachliteratur oder Sie besuchen Seminare und Fortbildungen, in denen Themen behandelt werden, die Ihnen weiterhelfen.

Wie Sie wissen, genügt nicht nur der Wunsch und das Bedürfnis, ein Ziel zu erreichen, sondern Sie benötigen das Wissen, wie Sie das Gewünschte umsetzen können, ohne sich durch Ihre inneren Einschränkungen abhalten zu lassen. Im Gegenteil, Sie müssen alles, was an Ressourcen in Ihnen vorhanden ist, dafür nutzen.

Daher ist es hilfreich, dass Sie sich eine Reihe weiterer Fragen stellen und diese ausführlich beantworten. Nehmen Sie sich hierfür ausreichend Zeit und Raum.

Was tun Sie, um Ihr Ziel zu erreichen?

....

Welches Verhalten ist hilfreich?

....

Wie ist Ihr Verhalten zu sich selber? Ist es eher selbstkritisch oder motivierend?

....

Womit können Sie sich am besten selber motivieren? Finden Sie Beispiele für Situationen, wo Sie sich schon einmal gut selber motiviert haben.

....

Was sind Ihre größten Stärken?

....

Was sind Ihre größten Schwächen?

....

Was glauben Sie, was Sie stärken kann auf Ihrem Weg?

....

Was glauben Sie, was Sie schwächen kann auf Ihrem Weg?

....

Was können Sie gut und nutzen es direkt, um Ihr Ziel zu erreichen?

....

Welches waren in den letzten zwölf Monaten Ihre größten beruflichen Erfolge?

....

Welches waren in den letzten zwölf Monaten Ihre größten privaten Erfolge?

....

Wie haben Sie diese Erfolge erzielt. Gibt es Gemeinsamkeiten in Ihrem Denken und Vorgehen bei beruflichen und privaten Erfolgen?

....

Nachdem Sie die Fragen für sich beantwortet haben, nehmen Sie bitte ein Blatt Papier und teilen es durch eine Linie in zwei Hälften.

Schreiben Sie jetzt noch einmal alle Verhaltensweisen, die verhindern, an Ihr Ziel zu gelangen, auf die linke Seite, und alle Verhaltensweisen, die Sie unterstützen können, auf die rechte Seite.

Schauen Sie sich die Liste an und überlegen Sie sich, welches Verhalten Sie verändern oder verbessern könnten?

Was macht Sie stark? Was gibt Ihnen Ressourcen?

Welches Verhalten schränkt Sie besonders ein, was raubt Ihnen notwendige Kraft oder Zeit?

Wo könnten Sie schon jetzt eine Veränderung bewirken?

Schreiben Sie es auf: „Dieses .... (Verhalten) möchte ich verändern."

Aber Halt!

Beginnen Sie noch nicht mit der Veränderung!

Schreiben Sie erst einmal nur alles auf, was Ihnen einfällt, um das Verhalten zu verändern.

Im Moment sind Sie noch bei der Bestandsaufnahme und Sie wissen noch nicht, ob und was Sie vielleicht später noch einmal von dem Gefundenen gebrauchen können. Nehmen Sie alles wahr, planen Sie ruhig schon ein wenig, aber tun Sie noch nichts.

Kapitel 3

B.E.L.L.A. Lösen von Hindernissen

Das Unbewusste
und seine Bedeutung

Um die komplexen Vorgänge besser verstehen zu können, die unser Verhalten und unsere Überzeugungen steuern, möchte ich Sie mit der Instanz bekannt machen, die für das Zustandekommen und die Umsetzung aller geistigen und seelischen Vorgänge verantwortlich ist. Neben dem Bewusstsein, welches nur 10 - 20 % unseres Handelns bestimmt, existiert in uns das sogenannte Unterbewusstsein oder Unbewusste. Es speichert alle Sinneseindrücke und Erfahrungen ab, um sie dann bei Bedarf zu nutzen und hierdurch den großen Anteil von 80 - 90 % unseres Verhaltens zu steuern.

Denken Sie einmal daran, was Sie an einem Tag erledigen und was Sie davon bewusst tun. Sie gehen über Straßen, öffnen Türen, fahren Auto. Sie überlegen dabei nicht, welches Bein Sie zuerst vor das andere setzen sollen, wieweit Sie das Lenkrad in der Kurve einschlagen müssen oder welche Hand die Türklinke herunter drückt. Sie können Gespräche führen, während Sie mit einhundertfünfzig Km/h über die Autobahn rasen, oder Sie überqueren eine befahrene Straße und Sie verunglücken nicht dabei. Warum ist das so? Weil Ihr Unterbewusstsein immer aktiv ist. Es lässt Sie das tun, was Sie bereits einmal gelernt haben und beherrschen, ohne dass Sie es noch einmal bewusst erleben müssen.

Unser Unbewusstes ist einer gigantischen Datenbank gleich, in der alle Daten unseres Lebens abgespeichert sind und bei Bedarf dem Bewusstsein zur Verfügung gestellt werden können. In dieser Datenbank gibt es jedoch unterschiedliche Sicherheitsbereiche. Nicht alles, was gespeichert wurde, ist auch ohne Weiteres abrufbar. Jeder dieser Sicherheitsbereiche hat eine eigene Codierung und Bedeutung. So werden Daten in unterschiedlicher Klarheit an unser bewusstes Erleben freigegeben. Hierdurch will das Unterbewusstsein sicherstellen, dass unser Leben nicht durch zu viele oder allzu belastende Informationen behindert wird. Alles Bestreben des

Unbewussten dient dem Zweck, unser Leben sicherzustellen. Anders als das Bewusstsein unterscheidet das Unterbewusstsein nicht zwischen realen Erfahrungen und Fantasien, vor allem wenn diese besonders wirklichkeitsnah sind. Denn alle Erfahrungen und Fantasien werden in den bereits beschriebenen Zellen des Gehirns abgelegt, ohne dass deren Realität überprüft wird.

Ein Kind z.B. erlebt viele Dinge anders als ein Erwachsener. Allein die Körpergröße und das Maß an Erfahrung führen dazu, dass manche Erlebnisse besonders intensiv wahrgenommen werden und andere weniger. Und so werden sie im Gehirn abgelegt.

Das Unterbewusstsein speichert die Erlebnisse ab und prüft nicht so sehr, wie groß der Wahrheitsgehalt tatsächlich ist, sondern wie groß der Einfluss auf das persönliche Erleben ist. So wird ein kleiner, bellender, zähnefletschender Hund von einem kleinen Kind vielleicht als groß und existenziell bedrohlich wahrgenommen. Und genauso speichert das Unbewusste diesen Vorgang ab. Um die Situation später wieder identifizieren zu können, werden das Bild des Hundes, die dazugehörigen Farben, Geräusche und vielleicht auch Gerüche abgespeichert. Ein Erwachsener würde erkennen, dass es keine große Bedrohung durch diesen Hund gibt, weil der Hund klein und angeleint ist. Doch da dieser Vorgang bereits in früher Kindheit zusammen mit Bellen und Zähnefletschen als lebensbedrohlich im Gehirn abgespeichert wurde, löst bei manchen Erwachsenen das Bellen eines kleinen Hundes ein unangenehmes bis beängstigendes Gefühl aus, welches dem des Kindes entspricht.

Jeder Mensch hat die Möglichkeit, die Wirksamkeit von unangenehmen Erlebnissen durch neue Erfahrungen zu korrigieren. Doch wenn das nicht geschieht, wird im späteren Leben, wie in unserem Beispiel, ein laut bellender Hund genau dieses lebensbedrohliche Gefühl auch beim Erwachsenen hervorrufen, welches er als Kind erlebt hat. Denn die Verknüpfung von Erlebnissen, welche stark genug sind, werden genau so im Gehirn gespeichert.

Da hilft es auch nicht, dass der Erwachsene sich sagt, das ist doch nur ein kleiner Hund und der ist ungefährlich. Das Unterbewusstsein hat das Bellen mit den im Gehirn abgelegten Erfahrungen abgeglichen und dort den entsprechenden Hebel in Richtung „Achtung Gefahr" umgelegt.

Sie können an diesem Beispiel erkennen, dass es für eine lästige oder einschränkende Reaktion oft eine ursprünglich gute Absicht gab, die Sie vor etwas bewahren wollte. Und so ist es mit vielen offensichtlich einschränkenden Gedanken und

Empfindungen. Wir wissen es nur nicht.

Nehmen wir also einmal an, dass das Unbewusste sein Handeln stets mit der Absicht durchführt, Schutz und Sicherheit im Leben zu gewährleisten. Denn es ist ja seine eigene Existenz, die es schützt. Und nehmen wir weiter an, dass es das mit Zuverlässigkeit, Stärke und Ausdauer tut.

Immer, wenn ein Ereignis oder ein äußerer Reiz signalisiert, ob etwas gut oder schlecht, gefährlich oder entspannt ist, aktiviert das Unbewusste ein Programm, welches auf der Summe der abgespeicherten Erfahrung beruht und uns in dieser oder jener Weise handeln lässt. So erklärt es sich, dass es Dinge gibt, die Sie ohne die Zustimmung Ihres Unbewussten nie erlangen können.

Für unsere weiteren Schritte ist die Annahme von großer Bedeutung, dass hinter allem Handeln eine lebenssichernde, positive Absicht des Unbewussten steckt. Denn dann muss auch hinter jeder Einschränkung in uns eine positive Absicht stecken.

Unsere Überzeugungen und was wir über uns glauben

"Ob Sie nun glauben, dass Sie eines Sache tun können oder sie aber nicht tun können. Sie haben in jedem Fall Recht." (Henry Ford)

Sicherlich werden Sie mir zustimmen, dass es einen Unterschied zwischen Wünschen und tatsächlichem Tun geben kann. Haben Sie schon einmal erlebt, dass Sie etwas getan haben, von dem Sie überzeugt waren, dass es falsch war. Oder, dass Sie sich vorgenommen hatten, etwas zu tun, und es dann doch nicht taten. Oder, dass Sie etwas taten, von dem Sie überzeugt waren, dass es gut ist, und sich doch dazu erst zwingen mussten und dann ein unangenehmes Gefühl dabei hatten? Hierfür sind oft die sogenannten Glaubenssätze verantwortlich.

Sicher werden sich viele von Ihnen an solche Sätze erinnern. Manchmal sind es Sprichwörter, manchmal Überzeugungen anderer Menschen, die wir in unserem Leben gehört haben und die uns beeindruckt haben. Oder es waren bedeutsame Erlebnisse von uns selbst oder von uns nahe stehenden Personen, zu denen wir Überzeugungen gebildet haben.

Der Schlüssel zum Erfolg

Der Schlüssel zu dem Geheimnis unseres Erfolges, welcher uns verrät, wie erfolgreich wir in unserem Leben sein können, liegt tief in uns selber. Er liegt in der Summe all unserer Erfahrungen, die wir vom ersten Tag unseres Lebens gemacht haben und die wir in einer bestimmten Art in uns abgespeichert haben. Diese Erfahrungen schaffen in unserem Inneren ein System, welches uns als Orientierung dient für das, was wir glauben und wovon wir überzeugt sind. Viele dieser Erfahrungen liegen so lange zurück, dass wir uns nicht mehr daran erinnern können. Manchmal sind es Sätze, die uns unsere Eltern, Großeltern oder Lehrer gesagt haben, manchmal sind es Dinge, die wir erlebt haben und die sich uns tief eingeprägt haben.

Gleichgültig, wie wir die Informationen in uns aufgenommen haben. Immer wenn wir sie für wichtig und erinnerungswürdig hielten, gaben wir ihnen eine bestimmte Bedeutung und schufen so eine Überzeugung oder einen sogenannten Glaubenssatz. Diese Zuordnungen gelten solange wir leben und werden in den entsprechenden Kontexten aktiviert.

Diese so entstandenen Glaubenssätze sind, vereinfacht ausgedrückt, Annahmen, die einen Zusammenhang zwischen Ursache und Wirkung herstellen sowie von Bedeutungen von

Situationen oder Abläufen, in denen Sie sich bewegen. Viele dieser Überzeugungen sind uns in ihrer eigentlichen Form längst nicht mehr bewusst. Sie zeigen sich lediglich durch unser Handeln und steuern so unser Leben. Da unser Unbewusstes diese Glaubenssätze immer dann gebildet hat, wenn etwas gesagt wurde oder passierte, was für unser Leben von Wichtigkeit war, bekamen sie eine lebenstragende Bedeutung für uns. Weil unser Unbewusstes für unseren Schutz verantwortlich ist, ruft es diese Glaubenssätze immer wieder ab, wenn es glaubt, uns schützen zu müssen. Hierbei verfährt es nach dem Motto: Was einmal gut war, ist immer gut. Was einmal funktioniert hat, wird auch wieder funktionieren. Und solange niemand dem Unterbewusstsein den Tipp gibt, dass es das, was es damals mit diesen Methoden sichergestellt hat, heute viel effektiver mit anderen Mitteln sicherstellen kann, wird es sich immer wieder der alten Methoden bedienen.

Wenn Sie zum Beispiel als Kind von den Menschen, die für sie eine große Bedeutung hatten (wie z.B. die Eltern, Erzieher oder bestimmte Verwandte etc.), oft den Satz gehört haben: „Geld verdirbt den Charakter", so haben Sie diese Information als wahr eingestuft, denn Sie glaubten ja, dass das, was die Erwachsenen sagten, richtig ist. Von da an lebte ein Teil in Ihnen mit der Überzeugung, dass Reichtum den Charakter verdirbt. Viele Jahre später, Sie sind inzwischen erwachsen geworden, wundern Sie sich vielleicht, warum Sie trotz eines guten Einkommens keine größeren Ersparnisse zustande bringen. Vielleicht ahnen Sie jetzt schon, was Sie daran hindert. Richtig, da gibt es so einen alten Satz in Ihnen, der Ihnen unbewusst den Reichtum vermiest. Denn auch wenn Sie als Erwachsener glauben, dass es schön ist, reich zu werden: Ihren Charakter wollen Sie sich schließlich nicht verderben. So werden Sie unbewusst Mittel und Wege finden, um doch nicht so richtig reich werden zu können.

Übung: Die eigenen Überzeugungen erkennen

Sie kennen sicher Sprichwörter, die teilweise schon sehr alt oder auch biblischen Ursprungs sein können. Da heißt es z.B.:
„Eher geht ein Kamel durch ein Nadelöhr, als ein Reicher ins Himmelreich."
„Wer hoch steigt, kann tief fallen."
„Geld verdirbt den Charakter."
„Reichtum/Erfolg macht einsam." usw.

Bitte ergänzen Sie diese Reihe durch weitere Sprichwörter, die

Sie kennen und die Ihrem Erfolgsziel im Wege stehen könnten:

Schreiben Sie nun alle Sätze und Überzeugungen von Menschen auf, die für Sie von Bedeutung waren auf. Erinnern Sie sich einmal an die Menschen, die Sie im Alter von 1 - 7 Jahre am stärksten beeinflusst haben. Schreiben Sie zu jedem mindestens einen Satz auf, der typischerweise von dieser Person in Bezug auf Arbeit und Erfolg gesagt worden ist oder den diese Person gesagt haben könnte.

Name 1, 2, 3, ...:

Satz 1, 2, 3, ...:

Finden Sie nun Personen, die für Sie im Alter von 8 - 14 Jahren wichtig waren, und suchen Sie zu diesen Personen einen typischen Satz zu dem Thema Arbeit, Leben und Erfolg. Sollten dabei die gleichen Personen vorkommen, finden Sie einen Satz, der in diese Zeit passt.

Name 1, 2, 3, ...:

Satz 1, 2, 3, ...:

Zum Schluss denken Sie an Personen, die für Sie im Alter von 15 -21 Jahren wichtig waren, und suchen Sie zu diesen Personen einen Satz zu dem Thema Arbeit, Leben und Erfolg, der von diesen Menschen stammen könnte. Sollte es sich dabei um die gleichen Personen wie zuvor handeln, finden Sie einen Satz, der in diese Zeit passt.

Name 1, 2, 3, ...:

Satz 1, 2, 3, ...:

Schreiben Sie jetzt Ihre eigenen Überzeugungen und Glaubenssätze zum Thema Arbeit, Leben und Erfolg auf. Nehmen Sie auch das Blatt Papier, auf welchem Sie Ihre Einwände notiert hatten. Sind da Sätze dabei, die eine einschränkende Überzeugung ausdrücken. Nehmen Sie auch Überzeugungen, die Ihnen jetzt einfallen. Schreiben Sie alles auf, egal ob es positive oder negative, förderliche oder absurde Überzeugungen sind.

Ihre eigenen Überzeugungen in Bezug auf Arbeit, Leben und Erfolg:

Suchen oder erfinden Sie nun fünf Glaubenssätze oder

Überzeugungen, die Ihnen helfen können, ihre beruflichen oder persönlichen Ziele zu erreichen. Seien Sie kreativ und achten Sie gleichzeitig auf Ihr Gefühl. Stellen Sie sich vor, wie Sie Ihr Ziel oder Ihre Ziele erreichen. Welche Sätze könnten Sie besonders stark unterstützen? Schreiben Sie diese Sätze auf.

1.

2.

3.

4.

5.

Sie haben nun zunächst einige Glaubenssätze gefunden, die sich für das Erreichen Ihres Zieles als hinderlich erweisen. Waren diese Sätze Ihnen schon vorher bewusst? Wie sind Sie bisher damit umgegangen? Haben Sie sie einfach nicht beachtet oder haben Sie sich darüber geärgert? Oder war Ihnen gar nicht bewusst, dass diese Sätze ein Hindernis in sich bargen?

Anschließend haben Sie fünf Überzeugungen gefunden oder kreiert, die Ihnen Unterstützung auf Ihrem Weg zum Ziel geben können. Was bedeutet es, dass Sie diese Glaubenssätze kennen? Was fangen Sie nun damit an?

Auch die hinderlichen Glaubenssätze und Überzeugungen sind irgendwann einmal in Ihrer persönlichen Geschichte aus gutem Grunde entstanden. Sie wurden aus Ihrem Erleben der Welt heraus gebildet und genau in dieser Form in Ihrem Gehirn abgelegt. Dort können Sie genau in dieser gleichen Form immer wieder abgerufen werden. Aber wie?

Um eine Überzeugung langfristig zu verändern, ist es wichtig, das, worauf sich die Überzeugung stützt, den neuen Bedingungen anzupassen.

Ich habe bereits beschrieben, dass viele dieser Erfahrungen lange zurückliegen. Wir waren jünger und kleiner. Dadurch waren unser Blickwickel und damit die Wahrnehmung der Welt um uns herum völlig verschieden von den heutigen. Da die Bedeutung eines Ereignisses sich oft durch die Perspektive, aus der Sie es betrachten, darstellt, macht es einen großen Unterschied, ob Sie etwas von oben oder von unten, in Ruhe oder in Bewegung, mit einem guten Gefühl oder in

Unsicherheit betrachten. Es macht auch einen Unterschied bei der Beurteilung Ihrer Umwelt, ob ihr Erfahrungsschatz groß oder klein ist. Stellen Sie sich vor, Sie fahren in ein Land, in welchem Sie nie zuvor gewesen sind. In diesem Land wird eine fremde Sprache gesprochen, die Sie nicht verstehen. Sie werden das Land, die Menschen und die Geschehnisse dort ganz anders wahrnehmen, als wenn Sie dort zum zehnten Male hinfahren und inzwischen die Sprache verstehen.

Sie können also versuchen, die Bedeutung der Erfahrungen zu verändern. Sie können dem Inhalt der Sätze, die Sie einmal gehört haben, einen neuen Sinn geben. Und Sie können versuchen, Ihrem Gehirn diese neuen Dinge so zu vermitteln, als wären sie schon immer ebenso wie die alten Überzeugungen da gewesen. Bei dieser Methode der Veränderung helfen uns die Erkenntnisse, die die aktuelle Gehirnforschung über die Arbeitsweise des Gehirns liefert, und die Arbeitsmodelle des Neurolinguistischen Programmierens (NLP).

Übung: So verändern Sie Ihre
einschränkenden Überzeugungen

Nehmen Sie einen der fünf Sätze, die Sie als einschränkend herausgefunden haben. Suchen Sie den Satz, der Sie besonders einzuschränken scheint. Schreiben Sie ihn auf und sprechen Sie ihn laut aus.

Variante 1

Sprechen Sie den Satz laut aus und verändern ihn wie nachfolgend beschrieben. Spüren Sie jedesmal in sich hinein, ob sich für Sie etwas an der Glaubwürdigkeit des Satzes verändert. Wird es mehr oder bleibt es gleich, gehen Sie zum nächsten Versuch, wird es weniger oder die Wirkung positiv, dann wiederholen Sie den veränderten Satz mehrmals und prägen Sie sich den neuen Satz ein.

Beginnen wir mit dem Experiment. Wie lautet Ihr Satz?
Lassen Sie uns als Beispiel folgenden Satz nehmen: *"Das habe ich noch nie gemacht, deshalb kann ich es auch nicht."*

1. Ersetzen Sie ein Wort aus dem Satz durch ein neues mit ähnlicher Bedeutung, jedoch unterschiedlicher Implikation.

Beispiel:

"Das habe ich noch nie gemacht, deshalb kann ich es auch nicht."

„Es ist nicht so, dass ich es nicht kann, sondern ich fühle mich unsicher, wenn ich es tun soll."

2. Richten Sie die Aufmerksamkeit auf die Absicht oder Aufgabe des Satzes.

Beispiel:

"Das habe ich noch nie gemacht, deshalb kann ich es auch nicht."

„Wenn ich etwas mache, will ich es auch wirklich gut machen."

3. Bringen Sie den Satz in einen größeren Rahmen.

Beispiel:

"Das habe ich noch nie gemacht, deshalb kann ich es auch nicht."

„Gibt es Dinge, die ich in meinem Leben nicht konnte und dann gelernt habe? Wie habe ich das gemacht?"

4. Finden Sie ein Gegenbeispiel, welches den Satz infrage stellt.

Beispiel:

"Das habe ich noch nie gemacht, deshalb kann ich es auch nicht."

„Habe ich noch nie etwas nicht gekonnt und dann doch richtig gemacht?"

5. Finden Sie zu Ihrem Satz eine analoge Beziehung.

Beispiel:

"Das habe ich noch nie gemacht, deshalb kann ich es auch nicht."

„Alle Dinge wurden irgendwann zum ersten Mal gemacht."

6. Bewerten Sie den Satz neu anhand eines Kriteriums, das wichtiger ist als das, was der Satz aussagt.

Beispiel:

"Das habe ich noch nie gemacht, deshalb kann ich es auch nicht."

„Es ist wichtiger, etwas Neues zu lernen, als etwas nur zu können."

7. Ändern Sie den Zusammenhang.

Beispiel:

"Das habe ich noch nie gemacht, deshalb kann ich es auch nicht."

"Was ist, wenn ich in meinem Leben nur noch Dinge mache,

die ich mit Sicherheit kann?"

8. Bewerten Sie den Satz, als wären Sie jemand anderes.

Beispiel:

„Wenn ich etwas Neues lernen will, muss ich Dinge tun, die ich noch nicht kann."

"Das habe ich noch nie gemacht, deshalb kann ich es auch nicht."

9. Überprüfen Sie, ob der Satz wirklich stimmt.

Beispiel:

"Das habe ich noch nie gemacht, deshalb kann ich es auch nicht."

„Woher weiß ich, dass ich etwas nicht kann, wenn ich es noch gar getan habe?"

10. Ergründen Sie die Details des Satzes.

Beispiel:

"Das habe ich noch nie gemacht, deshalb kann ich es auch nicht."

„Was genau habe ich noch nicht gemacht, was ich können müsste, um sicherzugehen, dass ich es kann."

Variante 2

Eine andere Möglichkeit, Ihre einschränkenden Überzeugungen zu verändern, ist diese.

Stellen Sie sich die Situation vor, für die der Satz gedacht ist. Wann und wie zeigt er seine Wirkung?

Überprüfen Sie, wie Sie in dieser Situation reagieren. Lassen Sie es uns wieder an einem Beispiel durchgehen. Wenn ich Sie gleich auffordere, Gegenbeispiele zu finden, dann können diese durchaus in völlig anderen Lebensbereichen finden. Es dürfen kleine und große Dinge sein, alltägliche genauso wie seltene.

Kommen wir nun zum Beispiel:

Sie müssen eine Entscheidung treffen, wissen aber nicht, was das Richtige ist.

Wie gehen Sie vor?

1. Möglichkeit:

Sind Sie jemand, der glaubt, er kann sich erst entscheiden, wenn alles analysiert ist und das Für und Wider ausführlich bewertet wurde.

Dann suchen Sie sich Beispielsituationen aus Ihrem Leben, in denen Sie nach Lösungen geschaut haben, ohne zu zögern und anschließend gehandelt haben.

Vergleichen Sie dann, was Sie in den Situationen anders gemacht haben und was Sie anderes gedacht haben. Welche Sätze haben Ihnen da geholfen?

Notieren Sie diese Sätze und versuchen Sie, diese in die Problemsituation zu übertragen.

2. Möglichkeit:

Sie schauen auf die Entscheidung wie das Kaninchen auf die Schlange. Sie spüren den Druck, sich entscheiden zu müssen und können sich nicht davon lösen.

Suchen Sie sich Situationen, in denen Sie dahin geschaut haben, wohin Sie wollten. Wenn Ihnen nichts einfällt, nehmen Sie das Autofahren. Vermutlich haben Sie ein Ziel, wenn Sie sich ins Auto setzen, und denken daran, wohin Sie fahren wollen. In der Kurve sehen Sie nicht zum Baum hin und denken, den darf ich auf gar keinen Fall erwischen. Was machen Sie da anders?

Versuchen Sie jetzt, die Entscheidung so zu behandeln, als würden Sie Auto fahren.

3. Möglichkeit:

Wie sind Sie in die Entscheidung involviert. Stecken Sie mittendrin, füllt Sie das Problem aus? Dann suchen Sie Situationen, die Sie von außen erleben konnten und die Ihnen nicht so nahe kamen? Was war da anders? Versuchen Sie mit dem Verständnis aus dieser Situation heraus, Ihre Entscheidung anzugehen.

4. Möglichkeit:

Sie finden keinen Zugang zur Entscheidung und damit kein Gefühl dafür, was richtig ist und was falsch. Dann suchen Sie Situationen, in denen Sie gefühlsmäßig involviert waren. Wie und was haben Sie in diesen Fällen gedacht? Nach welchen Kriterien haben Sie gehandelt?

5. Möglichkeit

An wen denken Sie bei der Entscheidung? Wer steht in Ihrem Fokus, Sie selbst oder die anderen Menschen. Suchen Sie Situationen, in denen Sie den Überblick hatten, wo es Ihnen nicht so sehr darauf ankam, was mit Ihnen war oder mit den anderen Menschen. Oft sind es Situationen, in denen getan wird, was getan werden muss, Frühstücken, den Müll runter bringen oder an der roten Ampel anhalten. Was ist da anders? Was denken Sie in diesen Situationen? Denken Sie da überhaupt bewusst? Was sagen Sie sich? Wie wäre es, wenn Sie sich das sagen würden, wenn Sie an die Entscheidung denken?

6. Möglichkeit:

Was ist für Sie in diesem Moment, in dem Sie eine Entscheidung treffen sollen, wichtig. Denken Sie an all die Einzelheiten der einen oder anderen Seite? Sie kennen den Satz, dass man vor lauter Bäume den Wald nicht sieht.

Dann suchen Sie Situationen, in denen Sie das große Ganze gesehen haben, auf das es ankam. Was war da wichtig, wie haben Sie das gemacht, wie haben Sie da gewertet? Übertragen Sie das auf Ihre Entscheidungsfindung und versuchen Sie genauso zu denken.

7. Möglichkeit:

Die Entscheidung erscheint Ihnen übergroß. Wie ein Riese scheint sie Sie zu erdrücken. Dann suchen Sie Situationen, in denen Sie in der Lage waren, zu unterscheiden, Details zu bewerten und dann zu wissen, was zu tun ist. Auch das können ganz alltägliche Beispiele sein.Wie haben Sie da gedacht und entschieden. Welche Sätze und Gedanken haben Ihnen geholfen?

Übertragen Sie auch diese Sätze auf die Entscheidungssituation.

Was wir uns wert sind -
unser Wertesystem

So wie Sie im Laufe Ihres Lebens ständig neue Erfahrungen machen, von denen manche, je nach dem Gewicht ihrer Bedeutung, zu Ihren Überzeugungen werden und wie auch die Überzeugungen anderer wichtiger Personen zu Ihren eigenen werden konnten, so entstehen auch die Werte, die Ihr Denken und Handeln bestimmen. Sie sind dafür verantwortlich, wie Sie die Welt und die Menschen sehen und beurteilen.

Werte zeichnen sich dadurch aus, dass wir bereit sind, unsere vorhandenen Ressourcen einzusetzen oder uns neue zu verschaffen, um sie zu bewahren. Werte sind uns oft nicht bewusst und stellen auf der tiefsten Ebene der Persönlichkeit die Triebkraft für die wahren Ziele unseres menschlichen Wesens dar. Werte bestimmen in großem Maße unser menschliches Verhalten.

Zunächst sorgen sie für die Triebkraft oder den persönlichen Antrieb in Form von Motivation für unsere Handlungen. Dann dienen sie als Kriterien zur nachträglichen Bewertung oder Beurteilung unserer Handlungen. Und mit der Hilfe von Werten urteilen wir darüber, was gut und böse, richtig oder falsch, angemessen oder nicht angemessen ist.

Unsere Werte bestimmen auch die Gewichtigkeit unserer Ziele. Ein Ziel, welches mit unseren Werten konform ist, werden wir mit mehr Nachhaltigkeit und Überzeugung verfolgen als ein Ziel, welches unseren Werten entgegensteht.

Kennen Sie die Werte, die in Ihrem Leben eine Rolle spielen? Haben Sie sich schon einmal bewusst gefragt, welches Ihre höchsten Werte sind und in welcher Hierarchie diese zueinander stehen?

Wie ich schon sagte, bestimmen Ihre Erfahrungen einerseits und Ihre Vorbilder andererseits die Werte, die für Sie im Leben Bedeutung haben. Ebenso, wie Ihr Gehirn Ihre Überzeugungen abspeichert, so tut es das auch mit Ihren Werten. Bildlich gesprochen nimmt Ihr Gehirn in der Weise, wie Sie Ihre Werte bilden, diese auf und speichert sie an einer Stelle mit ganz bestimmten Attributen ab. Das Gehirn unterscheidet dabei nicht, ob etwas richtig oder falsch, gut oder schlecht, hilfreich oder behindernd ist. Das Gehirn ist der Speicher, in dem alles seinen entsprechenden Speicherplatz erhält.

Alle Werte, die Sie in Ihrem Leben geschaffen haben, repräsentieren in Ihrem Inneren eine hierarchische Ordnung. Es gibt übergeordnete und untergeordnete, bedeutende und unbedeutende Werte. Und je nach deren Bedeutung werden sie auch abgespeichert. Nehmen Sie einmal an, Sie würden eine Skala anfertigen, auf der die bedeutenden Werte ganz oben und die unbedeutenden unten stehen. Dann würden die Werte, die unser Leben am stärksten bestimmen, gleichgültig, ob sie unerkannt aus dem Stillen heraus oder deutlich sichtbar wirken, oben stehen. Andere Werte rangieren auf der Werteskala aus vielfältigen Gründen weiter hinten. Aber warum haben wir solch eine Hierarchie der Werte in uns?

Die Gründe hierfür sind vielfältig. So haben Sie vielleicht die Werte Ihrer Vorfahren, Eltern, Großeltern etc. übernommen. Oft werden diese Werte von Generation zu Generation weitergegeben und haben eine große Kraft. Sie haben sie übernommen und halten sie sozusagen „ganz oben in Ehren". Aber gerade diese Werte bzw. ihre Kraft ist uns oft nicht bewusst. Im Gegenteil, viele würden deren Bedeutung sogar verneinen. Oder Sie haben Werte aus Regeln gebildet, die Sie in Ihrer Kindheit gelernt haben. Auch diese Werte sind oft sehr stark und dennoch unbewusst, denn Sie haben vor langer Zeit geglaubt, dass diese für Ihr Leben und Überleben wichtig waren. Und das war damals vielleicht auch so, aber heute befinden Sie sich wahrscheinlich in einer anderen Situation, in der diese Werte nicht mehr solch eine große Bedeutung haben müssten. Das, was einmal wertvoll und wichtig war, kann heute eher hinderlich sein. Aber wie können Sie herausfinden, was heute besser für Sie wäre?

Wie schon bei den Überzeugungen gibt uns das NLP die Möglichkeit, die Wertehierarchieskala zu ergründen und, wenn erforderlich, auch die Reihenfolge zu verändern.

Übung: So finden Sie Ihre persönliche Wertehierarchie

Wie erkennen Sie, was ein Wert ist? Werte sind Nominalisierungen, d.h., sie beschreiben kein Verhalten, sondern sie sind vorhanden. Werte sind z.B. Reichtum, Ehre, Liebe, Achtung, Armut, Nächstenliebe, Macht, Verlässlichkeit ...... usw.

Denken Sie zuerst an Ihr Ziel und an Ihr heutiges Leben. Dann fragen Sie sich einmal, welche Werte sie damit verbinden. Sammeln Sie alle Werte, die Ihnen in diesem Zusammenhang einfallen. Welche Werte halten Sie für bedeutsam.
Nehmen Sie nun sieben Zettel und suchen Sie sich sieben Werte aus. Schreiben Sie auf jeden Zettel einen Wert. Wenn Sie damit fertig sind, liegen sieben Zettel, auf denen je ein Wert

steht, vor Ihnen.

Heben Sie jetzt zwei der Zettel auf, betrachten Sie die darauf vermerkten Werte und fragen Sie sich, welcher wertvoller für Sie ist. Als Hilfe können Sie sich vorstellen, was wäre, wenn einer der Werte nicht da wäre. Welcher würde Ihnen mehr fehlen? Sie können als Test einen der Werte herumdrehen, so als gäbe es ihn nicht mehr.

Finden Sie so heraus, welcher der größere Wert ist. Behalten Sie den Zettel mit dem größeren Wert in der Hand und legen Sie den anderen zurück. Nehmen Sie nun den nächsten Zettel und stellen Sie sich wieder die Frage, welcher der größere Wert für Sie ist. Bleibt es der Wert, den Sie noch in der Hand halten oder ist es der andere? Verfahren Sie so wie beim vorherigen Mal. Behalten Sie immer den Zettel mit dem größeren Wert in der Hand, legen den anderen zurück und nehmen Sie einen neuen Zettel. Machen Sie so den Test mit allen Werten. Der Wert, den Sie am Schluss in der Hand halten, ist Ihr zur Zeit oberster Wert. Legen Sie diesen an eine gesonderte Stelle.

Es sind jetzt sechs Zettel übrig geblieben, von denen Sie jetzt wieder zwei Zettel in die Hände nehmen. Fragen Sie sich erneut, welcher dieser beiden der größere Wert für Sie ist. Machen Sie alles wie beim ersten Mal, und wiederholen Sie den Vorgang, bis Sie wieder nur noch einen Zettel in der Hand halten. Legen Sie diesen Zettel unter den Ersten. Führen Sie so lange den Test durch, bis Sie alle sieben Zettel untereinander liegen haben. Der oberste Zettel bezeichnet den zur Zeit höchsten Wert der von Ihnen ausgewählten sieben Werte, der untere den zur Zeit und in diesem Zusammenhang niedrigsten. Das ist Ihre aktuelle Wertehierarchieskala. Schreiben Sie nun die Werte in dieser Reihenfolge auf.

War Ihnen diese Reihenfolge bewusst?

Entspricht sie dem, was Sie sich gedacht haben?

Welche dieser Werte unterstützen Sie bei Ihrem Ziel?

Wo liegen Sie auf Ihrer Werteskala?

Stehen sie ganz oben oder weiter hinten?

Sind alle Werte enthalten, die Sie brauchen, oder fallen Ihnen jetzt Werte ein, die Ihnen hilfreich sein könnten?

Sind die Werte, die Sie in Ihrer Werteskala ganz oben finden, auch die Werte, die Sie Ihrem Erfolg zuordnen würden. Oder stehen diese Werte weiter unten auf der Skala?

Wenn dem so ist, können Sie nun beginnen, die Reihenfolge zu verändern. Betrachten Sie also die Werteskala und denken Sie darüber nach, welcher Wert nicht im oberen Drittel Ihrer Werteskala steht, obwohl er zu Ihrem angestrebten Ziel gehört.

Wo sollte er Ihrer Meinung nach stehen? Bestimmen Sie die Stelle, wo Sie diesen Wert am liebsten haben möchten.

Übung: So passen Sie Ihre persönliche Wertehierarchie Ihrem neuen Ziel an

Nachdem Sie in der vorhergehenden Übung die Skala Ihrer Werte in absteigender Reihenfolge ermittelt haben, können Sie nun beginnen, etwas an der Stellung der Werte zueinander zu verändern.

Zuerst stellen Sie fest, wo eine Veränderung erfolgen soll. Welcher Wert passt nicht mehr auf der vorhandenen Stelle zu Ihren Lebensplänen? Welcher Wert sollte weiter oben stehen? Fehlt vielleicht ein Wert in der Skala, von dem Sie glauben, dass er gut zu Ihren zukünftigen Zielen passen würde? Angenommen, Sie planen eine berufliche Karriere, in der Sie eine gute Stellung mit einem hervorragenden Einkommen anstreben. Nun sehen Sie auf Ihrer Skala aber die Werte Bescheidenheit und Gehorsam ganz oben stehen. Sie wissen auch nicht, warum, aber sicherlich sind das keine Werte, die Ihr Berufsziel direkt unterstützen. Natürlich sind es Bestandteile und Triebkräfte für Ihr Leben, die Sie nicht verlieren sollten. Aber um Ihr Ziel zu erreichen, erkennen Sie, dass andere Werte

Ihnen mehr Kraft geben würden, das heißt ganz oben stehen sollten.

Sie finden weiterhin an der Stelle sieben den Wert Zufriedenheit und wundern sich vielleicht, dass die Werte Erfolg und Reichtum gar nicht auf der Skala erscheinen, weil sie vielleicht an der Stelle zehn und siebzehn stehen. Entscheiden Sie in solch einem Fall, wie die Reihenfolge am besten wäre. Beginnen Sie nun die Übung mit der Veränderung in der Stellung eines Wertes. Verändern Sie nie mehr als zwei Wertestellungen auf einmal. Es ist besser, abzuwarten, was sich tut, denn durch jede Veränderung entstehen neue Verhältnisse und Wertigkeiten in der Reihenfolge.

Schritt 1:

Sie haben festgelegt, welcher Wert sich an einer höherwertigen Stelle befinden soll und wo dieser Wert zukünftig stehen soll. Nehmen Sie nun den Wert, an dessen Stelle er rücken soll, und lassen Sie ein Bild zu dem Wert entstehen. Es kann ein reales oder ein Fantasiebild sein, eine Form oder ein Symbol, eine Visualisierung dieses Wertes.

Hierbei ist es wichtig, auf folgende Eigenschaften zu achten:

Wo genau sehen Sie das Bild?

Ist es gerade vor Ihnen oder eher rechts, links, unten oder oben?

Wie groß ist das Bild, welches Sie sehen?

Ist es farbig oder schwarz/weiß?

Gibt es bei einem farbigen Bild dominante Farben?

Ist in dem Bild Bewegung wie in einem Film, oder ist ein wie ein Foto?

Wenn Sie diese Merkmale erkannt haben, notieren Sie diese. Stellen Sie sich dann noch einmal das Bild vor und achten Sie nun darauf, ob Sie zu diesem Bild Geräusche oder Töne hören oder vielleicht Gerüche wahrnehmen können. Notieren Sie auch das.

Wichtig: Es kommt nicht darauf an, was Sie wahrnehmen und wie viel Sie erkennen. Achten Sie ganz einfach auf das, was da ist. Dann ist es gut!

Schritt 2:

Nehmen Sie nun den Wert, den Sie auf der Werteskala nach oben befördern wollen. Auch zu diesem Wert entsteht ein Bild. Lassen Sie es einfach kommen und da sein. Bewerten Sie nicht, beobachten Sie nur.

Verfahren Sie dann wie oben beschrieben.

Wo genau sehen Sie das Bild?

Ist es gerade vor Ihnen oder eher rechts, links, unten oder oben?

Wie groß ist das Bild, welches Sie sehen?

Ist es farbig oder schwarz/weiß?

Gibt es bei einem farbigen Bild dominante Farben?

Ist in dem Bild Bewegung wie in einem Film, oder ist es wie ein Foto?

Achten Sie darauf, ob Sie zu diesem Bild Geräusche oder Töne hören oder vielleicht Gerüche wahrnehmen können.

Wenn Sie alles notiert haben, überlegen Sie einmal, wie es wäre, wenn Sie dieses Bild verschieben könnten. Benötigen Sie dazu vielleicht Hilfsmittel, z.B. eine Seilwinde oder einen Projektor oder können Sie es einfach so in Ihrer Vorstellung verschieben?

Schritt 3:

Schieben Sie dann das Bild des Wertes, dessen Stellung Sie erhöhen wollen, exakt auf die Stelle des Wertes, der bisher dort steht, wohin Sie den neuen Wert haben wollen. Es kann sein, dass das Bild sich wieder zurückbewegen oder gar nicht dorthin will. Bleiben Sie dran. Schieben Sie es genau auf diese Stelle. Das Bild des oberen Wertes verschwindet dabei im Hintergrund.

Wenn Sie das Bild dorthin verschoben haben, geben Sie ihm alle Merkmale des oberen Bildes. Belassen Sie den Inhalt, aber versehen Sie ihn mit den Farben, der Größe, den Geräuschen und allen weiteren Attributen, die Sie in dem anderen Bild erkannt haben. Sprechen Sie dabei wiederholt den Namen bzw. die Bezeichnung des erhöhten Wertes, den Sie auf diese Stelle gesetzt haben.

Wir sind nicht alleine -
wir leben in Systemen

Als Menschen leben wir nicht als Einzelwesen, sondern sind vom Beginn unserer Existenz an eingebunden in unterschiedliche Lebenszusammenhänge.

Diese Lebenszusammenhänge zwischen einzelnen Personen, Gruppen und ihrer Umwelt bezeichnen wir in ihrer Verknüpfung als Systeme.

Bereits bei unserer Geburt sind wir Teil eines Systems, nämlich der Personen, die uns gezeugt haben und wiederum derer, die deren Eltern sind usw. Dies ist das System der Familie, in welches wir hineingeboren werden und dessen wechselseitige Wirkungen wir bewusst oder unbewusst erfahren. Hier wachsen wir auf, werden geprägt und bilden unsere Werte und Überzeugungen. Es folgen weitere Systeme. Schule, Ausbildung, Arbeitsplatz sind Systeme, in denen Menschen in Beziehung zueinander stehen und wirken. So sind wir während unserer gesamten Lebenszeit in Systeme eingebunden, die uns wechselseitig beeinflussen.

Was hat das nun mit unserem Ziel zu tun? Warum spielen Systeme eine Rolle, wenn ich mein Erfolgsziel erreichen will? Schauen wir uns dazu einmal an, wie ein solches System funktioniert.

Jedes System existiert, indem es bestimmten Regeln folgt. Hauptziel ist es, die Stabilität im Gesamtsystem zu gewährleisten und damit auch den Schutz der Mitglieder des Systems. Jede Veränderung im System kann das Gesamtsystem zum Wanken bringen.

Sie kennen alle diese netten Mobiles, die gerne in Kinderzimmern zu finden sind. Stellen Sie sich vor, Sie würden eine Schere nehmen und an eines der herunterhängenden Element abschneiden. Was passiert? Es würde nicht nur das eine Teil fehlen, sondern das gesamte Mobile würde ungeordnet herumhängen.

Genauso ergeht es jedem System, wenn an einer Stelle eingegriffen wird. Um es stabil zu halten und einen Ausgleich herzustellen, müssen oft Veränderungen an anderen Stellen des Systems stattfinden. Oft ist der Zusammenhang zwischen diesen Veränderungen nicht ersichtlich, da auch die Kräfte innerhalb eines Systems nicht sichtbar sind. Das größte System, welches wir kennen, ist unsere Erde. Und auch hier erleben wir, wie die Umwelteinflüsse in einem Teil der Welt, z.B. das Abholzen der Regenwälder, große klimatische Veränderungen in anderen Teilen der Erde bewirken.

Doch nicht nur im Großen, auch in unserer kleinen privaten

Welt bestehen diese Wechselwirkungen. Jede Veränderung im System kann die Stabilität schwächen und zu unerklärlichen Veränderungen führen. Um den Zusammenbruch zu verhindern, existieren Kräfte, die dem entgegen wirken. Ihre Aufgabe ist es, die Stabilität sicherzustellen. Wie gesagt, sind diese Kräfte für uns nicht so einfach zu erkennen. Da diese Kräfte zwar wirksam, aber unsichtbar für das Auge arbeiten, erklären wir ihre Auswirkungen oft damit, dass wir sie anderen Ursachen zuschreiben.

Ohne hier weiter auf die Wirkungsweise innerhalb von Systemen einzugehen, ahnen Sie vielleicht, warum jedes System, in dem wir uns befinden, eine Bedeutung für unser Erfolgsziel haben kann. Denn jede Veränderung, und der Wechsel zum Erfolg ist zweifelsohne solch eine Veränderung, kann eine oder mehrere Auswirkungen innerhalb der beteiligten Systeme hervorrufen.

Das Erkennen und Verändern von behindernden Überzeugungen und die Optimierung unserer Wertehierarchie haben den Weg freigemacht, um an unser Ziel zu gelangen. Die Frage, die sich nun stellt, lautet: „Wie passt mein Ziel in die Stabilitätsstrategie der beteiligten Systeme? Und welche Systeme sind beteiligt?"

Zunächst ist da das System Ihrer heutigen Familie, das familiäre Gegenwartssystem. Das ist das System, in dem Sie heute leben mit Mann, Frau, Partner, Partnerin und Kindern.

Das zweite System, welches Sie beeinflusst, ist die Familie, aus der Sie stammen, das familiäre Herkunftssystem, also die Familie, aus der Sie kommen mit den Eltern, Geschwistern, Großeltern und den weiteren Vorfahren.

Das Dritte ist das berufliche System, die Organisation mit allen Teilen und Mitarbeitern, in der Sie arbeiten oder in der Sie arbeiten wollen.

Einige Systeme können wir direkt in der Außenwelt wahrnehmen und beschreiben. Andere existieren aus unserer eigenen Geschichte heraus über unsere Vorfahren, deren Schicksal, Denken und Handeln uns bis heute beeinflussen können. Sie spiegeln sich in unseren inneren Lebensprogrammen wieder. Wir tragen die Systeme bzw. das, was sie für uns bedeuten, in uns.

Auf Grund der oben beschriebenen Dynamik stellen diese Kräfte manchmal eine Kraftquelle dar, ein andermal wirken sie wie Stolpersteine auf unserem Weg, binden Energien oder verweigern uns schlichtweg die Erlaubnis, dahin zu gelangen, wohin wir gerne kommen wollen. Doch die Erkenntnis, dass das, was vermeintlich hinderlich ist, nur der Aufrechterhaltung der inneren Stabilität des Gesamtsystems dient, hilft uns, auch hier schnell eine zufriedenstellende Lösung zu finden. Natürlich ist es nicht immer so, dass wir an der Stabilität unserer inneren Systeme rütteln, wenn wir erfolgreiche Lösungen für unser Leben suchen. Sie können eine systemische Beeinflussung daran erkennen, dass sie alle bis hierhin beschriebenen Schritte erfolgreich gegangen sind, und trotzdem ein hemmendes Gefühl geblieben ist. Wenn Sie also offensichtlich alles gelöst haben und Sie dennoch nicht eindeutig frei losgehen wollen, empfiehlt es sich, einen Blick auf die drei Systeme zu werfen.

Eine einfache Übung kann Ihnen helfen, einen Einblick ins System zu erhalten. Überlegen Sie, welches System Sie sich anschauen möchten. Wer gehört zu dem System, welches Sie sich anschauen möchten? Im familiären System sind natürlich andere Personen beteiligt als im beruflichen, es sei denn, es gibt Überschneidungen zwischen beiden Systemen.

Nehmen Sie eine entsprechende Anzahl von Zetteln, leeren Karteikarten, Figuren oder Holzklötzchen, je nachdem, was Sie für die beteiligten Personen einsetzen wollen. Ich werde diese Materialien im weiteren Verlauf mit „Stellvertretung" bezeichnen.

Wenn Sie sich für die Übung mit Zetteln oder Karteikarten entschieden haben, schreiben Sie auf je einen Zettel den Namen einer beteiligten Person. Die Figuren oder Klötzchen weisen Sie je einer Person zu. Vergessen Sie nicht, dass auch Sie selbst ein Teil des Systems sind.

Beginnen Sie mit Ihrer Stellvertretung. Handeln Sie so spontan wie möglich. Überlegen Sie nicht lange, sondern lassen Sie Ihrem Gefühl und Ihrer Intuition freien Lauf. Legen Sie auch die Blickrichtung der „Stellvertretungen" fest.

Nehmen Sie nun der Reihe nach die „Stellvertretungen" eine nach der anderen in die Hand. Nutzen Sie wieder Ihr Gefühl und Ihre Intuition, während Sie diese platzieren. Überlegen Sie nicht, sondern bringen diese einfach nur in Position.

Wenn Sie allen Stellvertretungen einen Platz zugeordnet haben, schauen Sie sich das ganze Bild an. Treten Sie, wenn möglich, einen Schritt zurück. Was sehen Sie?

Was fällt Ihnen zu dem vor Ihnen befindlichen Bild ein?

Wo sind Sie in dieser Aufstellung?

Wo schauen Sie hin?

Wo sind die anderen?

Wo schauen die hin?

Ist Ihr Blick frei oder verstellt?

Wie ist Ihr Platz innerhalb des Systems?

Versuchen Sie sich in Ihre dortige Stellung zu versetzen. Erleben Sie dazu ein Gefühl? Ist es angenehm oder unangenehm?

Was erleben Sie, wenn Sie jetzt an Ihr Ziel denken?

Ordnen Sie das Gefühl, das Sie zu dieser Aufstellung haben, auf einer Skala von 1 bis 7 an, wobei 1 sehr schlecht ist und 7 sehr gut.

Wenn Sie ein eher ungutes Gefühl haben, dann verändern Sie die Zuordnung der Personen untereinander. Eine Möglichkeit ist es, die Augen zu schließen und in sich hineinzuhorchen, ob dort eine bessere Lösung auftaucht.

Probieren Sie dann aus, was Sie gefunden haben, indem Sie die „Stellvertretungen" entsprechend neu positionieren.

Sie können auch damit beginnen, zuerst die Personen umzustellen. Machen Sie dann eine Pause und betrachten Sie das neue Ergebnis mit Abstand. Fahren Sie solange fort, bis Sie eine Lösung gefunden haben, die auf Ihrer Skala eine gute Note erhält.

Verändern Sie die Aufstellung in einzelnen kleinen Schritten. Gehen Sie behutsam und spielerisch vor. Richten Sie noch einmal Ihre Aufmerksamkeit auf das, was ich zu Beginn dieses Kapitels geschrieben habe. Jedes System ist bemüht, die Stabilität zu wahren, um seine Mitglieder zu schützen. Jede Veränderung sollte dieser Tatsache Rechnung tragen. Testen Sie, ob die Veränderungen auch für die anderen Stellvertretungen in Ordnung sind. Versuchen Sie sich dazu in die Lage der jeweiligen Stellvertretung zu versetzen. Wie fühlt es sich an, wenn es gut ist?

Machen Sie weiter, bis Sie zu einem Ergebnis kommen, mit dem Sie ganz zufrieden sind. Nehmen Sie in Ihrer Vorstellung den Platz in dieser Konstellation ein. Fühlen Sie, wie es ist, in einem System zu sein, welches Sie bei Ihrem Ziel unterstützt. Gehen Sie in Ihrer Vorstellung zu jeder „Stellvertretung" und bedanken sich bei der Person, die durch die „Stellvertretungen" symbolisiert wird.

Versuchen Sie sich an Ihr erstes Ergebnis zu erinnern und vergleichen Sie es mit dem Letzten. Was ist anders? Was muss sich ändern und was können Sie ändern?

Kapitel 4

B.E.L.L.A. Losgehen zum Ziel

Machen Sie sich auf den Weg

Wenn Sie dem Buch aufmerksam gefolgt sind, haben Sie sicherlich viele neue Einsichten erhalten, die Ihnen ein neues Verständnis für Ihre Zielerreichungsstrategien geschenkt haben. Sie wissen nun oder haben zumindest eine Ahnung davon, was Sie unterstützen und was Sie behindern kann.

Ich möchte Sie einladen, mit diesem Wissen und den Erfahrungen, die Sie bisher gemacht haben, Ihren Weg ins Ziel zu gehen. Vielleicht haben Sie schon das Gefühl, bald da zu sein. Oder Sie spüren Kräfte, die neue Ideen erwachsen lassen. Wie klar ist Ihr Ziel geworden? Was bieten Sie sich selbst? Wir werden es überprüfen.

Bevor wir beginnen, möchte ich Sie wieder bitten, eine Skala der Erreichbarkeit zu erstellen. Sie erinnern sich, dass Sie das schon zu Beginn getan haben. Aber da wussten Sie vieles noch nicht. Also tun Sie es jetzt noch einmal!

Es ist gut, wenn Sie vorher Ihr Ziel noch einmal beschreiben. Achten Sie auf die Formulierung. Vergleichen Sie es mit der ersten Beschreibung zu Beginn des Buches. Nehmen Sie dann die Skala der Erreichbarkeit. 1 bedeutet gar nicht und 7 heißt voll und ganz. Tragen Sie ein, wie wahrscheinlich es für Sie heute ist, dass Sie das Ziel erreichen werden. Vergleichen Sie den Wert mit dem, den Sie zum Beginn des Buches ermittelt hatten. Hat er sich verändert?

Skala: Wahrscheinlichkeit der Zielerreichung

1 _____ 7

gar nicht   voll   und   ganz

Losgehen - Ihre Time-Line zum Ziel

Sicherlich erinnern Sie sich, wie Sie zu Beginn unseres Kurses Ihre persönliche Time-Line ausgelegt haben. Sie sind von der Gegenwart in die Zukunft gegangen und Sie konnten feststellen, dass es Hindernisse und Veränderungsbedarf auf diesem Weg gab. Jetzt, wo vieles geklärt ist und notwendige Ressourcen bereitstehen, möchte ich Sie noch einmal auf diese Time-Line bitten, damit Sie Ihren Weg vervollständigen können.

Übung:

Starten Sie, indem Sie einen Punkt für die Gegenwart und einen für die Zukunft in den Raum legen. Suchen Sie noch eine Stelle für den neutralen Meta-Punkt außerhalb der Zeitlinie, von dem Sie einen guten Überblick haben. Stellen Sie sich auf den Gegenwartspunkt und schauen Sie in Richtung Ihrer Zukunft. Wie werden Sie Ihr Ziel erreicht haben, wann wird es sein, wie groß ist die Distanz? Stellen Sie sich vor, wie Sie aussehen werden, wenn Sie dort angekommen sind. Was werden Sie fühlen, sehen und hören?

Vergegenwärtigen Sie sich alles, was Sie von diesem Punkt aus in Richtung Zukunft wahrnehmen können.

Gehen Sie nun ganz langsam los zu dem Punkt Zukunft. Wie

fühlen Sie sich, während Sie gehen? Gibt es noch Hindernisse auf dem Weg, vielleicht ein unangenehmes Gefühl oder hinderliche Gedanken? Oder geht es leicht? Spüren und horchen Sie in sich hinein, bis Sie ankommen.

Wie ist es nun, hier anzukommen? Nehmen Sie alles wahr, mit allen Sinnen. Wenn Sie alles in sich aufgenommen haben, was zu dem Ziel gehört, schauen Sie zurück zum Ausgangspunkt. Betrachten Sie den Weg hierhin. Fällt Ihnen etwas auf, was Sie von dort in Ihre Gegenwart hineingeben können. Vielleicht wissen Sie jetzt etwas, was Sie damals in Ihrer Gegenwart noch nicht erkannt haben.

Wenden Sie sich nun noch einmal Ihrem Weg zu und gehen Sie langsam mit diesem Wissen aus der Zukunft zurück in die Gegenwart. Kommen Sie ganz im Hier und Jetzt an.

Wie fühlen Sie sich? Was denken Sie? Schauen Sie hinüber zu Ihrem Ziel. Wie wahrscheinlich ist das Erreichen geworden? Wo setzen Sie jetzt das Kreuz auf Ihrer Skala? Vielleicht fällt Ihnen ein Wort dazu ein, ein Satz oder ein Bild. Sprechen Sie es laut aus. Gehen Sie noch einmal zu Ihrem Ziel, langsam, mit allen Sinnen, und sprechen Sie laut das Wort oder den Satz.

Um Ihre inneren Bilder zu verstärken, schauen Sie noch einmal zurück in die Gegenwart. Der Blick vom Punkt des zukünftigen Erfolges zeigt Ihnen, wie der Weg verlaufen wird. Gehen Sie zurück in die Gegenwart.

Sie wissen nun, dass Sie es schaffen und wie Sie es machen können!

Zum Schluss kommen wir zu einer Übung, die Ihnen helfen soll, die konkrete Umsetzung Ihrer bisherigen Resultate in Ihren realen Lebensraum zu übertragen und dort zu verfestigen.

Sie benötigen für diese Übung 7 leere Blätter Papier.

Schreiben Sie auf das Erste groß:

Meine Umwelt

Damit ist der Lebensraum um Sie herum gemeint, in dem Sie sich bewegen werden, wenn Sie Ihr Ziel umsetzen.

Auf das zweite Schreiben Sie:

Mein Verhalten

Damit ist gemeint, welches Verhalten Sie an den Tag legen, wenn Sie Ihr Ziel erreicht haben.

Auf das Dritte schreiben Sie:

Meine Fähigkeiten

Hier werden Sie Ihre Fähigkeiten benennen, die Sie besitzen, um das Ziel zu erreichen.

Auf das Vierte schreiben Sie:

Meine Glaubenssätze

Hier gehören alle Glaubenssätze hin, die Sie beim Erreichen des Zieles unterstützen.

Auf das Fünfte schreiben Sie:

Meine Werte

Hier sammeln Sie die Werte, die Sie mit dem Ziel verbinden.

Auf das Sechste schreiben Sie:

Mein Ich

Hier sind Sie ganz der, welcher das Ziel erreicht.

Auf das Siebte schreiben Sie:

Mein Lebenszusammenhang

In welchem großen Zusammenhang sehen Sie Ihr Ziel?

Wenn Sie die sieben Blätter beschriftet haben, können wir beginnen. Legen Sie die Blätter der Reihe nach auf den Boden, sodass als Erstes das Blatt **"Meine Umwelt"** und als Letztes das Blatt **"Mein Lebenszusammenhang"** wie ein Weg vor Ihnen auf dem Boden liegt. Diesen Weg werden Sie jetzt beschreiten. Stellen Sie sich auf das Blatt "Meine Umwelt" und stellen sich vor, wo es sein wird, wenn Sie Ihr Ziel erreichen. Lassen Sie sich Zeit und beschreiben Sie ausführlich die Örtlichkeiten, wo es sein wird. Machen Sie dann einen Schritt nach "Mein Verhalten".

Dort denken Sie daran, was Sie tun werden. Malen Sie sich alles ausgiebig aus und gehen dann weiter nach "Meine Fähigkeiten".

Sie wissen, was Sie können und werden diese Fähigkeiten nutzen. Beschreiben Sie alle Fähigkeiten, die Sie für Ihr Ziel nutzen werden. Der nächste Schritt führt nach "Meine Glaubenssätze".

Was glauben Sie, wofür es gut ist, diesen Schritt zu gehen. Denken Sie an alles, was Sie bis hierher herausgefunden haben und welche Glaubenssätze Sie davon gebrauchen können. Danach kommt "Meine Werte".

Sie wissen, welche Werte Sie nötig haben, um weiter zu kommen. Konzentrieren Sie sich hier auf diese Werte. Mit diesen Werten gehen Sie weiter auf "Mein Ich".

Wie fühlen Sie sich in Ihrer Haut, wenn Sie dort stehen, nachdem Sie die bisherigen Stationen durchlaufen haben? Nehmen Sie alles wahr und machen Sie eine Geste, die Ihnen zeigt, was es bedeutet, hier angekommen zu sein. Nun kommt nur noch ein Schritt in den großen Zusammenhang Ihres

Lebens mit dieser Welt.

Auf "Mein Lebenszusammenhang" können Sie alles in sich hineinfließen lassen, was gut ist für Sie, wenn Sie das Ziel erreicht haben. Erfahren Sie hier, wie es ist, in dieser Welt derjenige zu sein, welcher sein Ziel mit seinen eigenen Möglichkeiten erreicht hat. Nehmen Sie alles auf und machen auch hier eine Geste dazu, die das zeigt, was es für Sie bedeutet, hier zu sein.

Dann kehren Sie um, gehen bewusst mit der Erfahrung von "Mein Lebenszusammenhang" nach "Mein Ich", nehme auch das mit nach "Meiner Werte" und kehren so Schritt für Schritt zurück bis "Meine Umwelt".

Kapitel 5

B.E.L.L.A. – Ankommen am Ziel

In diesem Kapitel geht es darum, Ihr Ziel zu realisieren und in Ihrem Leben zu etablieren.

Stellen Sie sich vor, Sie haben einen persönlichen Raum um sich herum, in dem Sie allein bestimmen, was oder wer sich in diesem Raum aufhalten darf und wer nicht.

Strecken Sie dazu einmal Ihre Arme aus und beschreiben Sie mit nach außen gerichteten Handinnenflächen einen Kreis um Sie herum. Dieser Kreis beschreibt Ihren persönlichen Raum. Schauen Sie, wer oder was sich in diesem Moment in diesem Raum befindet. Welche Personen sind dort. Wenn Sie dort Menschen sehen, fragen Sie sich, ob das für Sie in Ordnung ist. Wenn nicht, wo möchten Sie diese Menschen haben, was möchten Sie ihnen gegenüber empfinden? Gibt es andere

Menschen, zu denen Sie das empfinden, was Sie sich für die Menschen in Ihrem persönlichen Raum wünschen? Wenn Sie zum Beispiel jemanden in Ihrem persönlichen Raum sehen, der Ihnen dort viel zu nah erscheint oder viel zu wichtig, dann finden Sie in Ihrer Vorstellung Menschen, zu denen Sie Abstand haben oder die für Sie unwichtig sind. Wo würden die sich befinden, in oder außerhalb Ihres persönlichen Raumes? Markieren Sie diese Plätze als Musterplätze. Organisieren Sie dann Ihren persönlichen Raum neu, indem Sie die störenden Personen auf die Musterplätze verschieben. Wenn sich z.B. jemand in Ihrem persönlichen Kreis befindet, der Ihnen gleichgültiger sein sollte, schieben Sie ihn auf den Musterplatz für Menschen, die Ihnen gleichgültig sind. Verfahren Sie so der Reihe nach mit allen und allem, was Sie in Ihrem persönlichen Raum stört.

Das innere Team: Gemeinsam sind Sie stark.

Auch Ihr inneres Team kann Ihnen bei der Etablierung Ihrer Ziele eine große Unterstützung bieten.

Auf Ihrem Weg in Ihre erfolgreiche Zukunft haben Sie so manche Seite von sich selbst kennengelernt. Teile von Ihnen, die hilfreich waren und Teile, die hinderlich waren. Sie wissen nun, dass in Ihnen ein starkes Team wohnt. Sie sind in Ihrer Ganzheit um so erfolgreicher, wenn dieses Team optimal für Sie arbeitet.

Vielleicht haben Sie schon selber in Ihrem beruflichen Leben erlebt, wie wichtig es ist, dass sich ein Team zusammenfindet und gemeinsam Strategien erfolgreich umsetzt. Am erfolgreichsten ist hierbei das Team, wenn es unter seinen Teilnehmern die Gesamtheit aller Aufgabenbereiche abbildet und diese gemeinsam umzusetzen vermag.

Genauso verhält es sich mit Ihrem inneren Team. Hier sitzen die Spezialisten Ihrer Lebensgeschichte, die auf Ihrem Lebensweg so vieles gelernt haben, was sie jetzt in die Zielerreichung einbringen können. Nutzen Sie Ihre eigenen Potenziale. Veranstalten Sie eine innere Teamsitzung.

Sie benötigen nicht viel, um diese Übung durchzuführen. Am Anfang ist ein ruhiger Ort hilfreich. Dann brauchen Sie noch ein wenig Fantasie und die Offenheit, Neues zu erproben und zufriedenstellende Lösungen zu erkennen.

Suchen Sie sich einen ruhigen Platz. Stellen Sie sich vor, wie Sie am günstigsten alle beteiligten Persönlichkeitsteile über diese Sitzung benachrichtigen. Finden Sie die richtige

Formulierung, um allen Beteiligten diese wichtige Information verständlich zu vermitteln.

Bestimmen Sie einen Konferenzort, an dem die Teamsitzung stattfinden soll. Wie soll der Ort ausschauen? Soll die Konferenz eher in einem kühle Sachlichkeit vermittelnden Sitzungszimmer stattfinden, oder eignet sich besser ein Platz am Meer, im Wald oder in den Bergen. Seien Sie erfinderisch und hören Sie auf Ihre innere Stimme. Oder lassen Sie ihre inneren Teilnehmer entscheiden, wo sie tagen wollen. Suchen Sie den Teil in Ihnen, der Ihnen die Ideen liefert, der die Kreativität darstellt, damit er Sie unterstützen kann.

Bitten Sie nun alle Persönlichkeitsteile, die Möglichkeiten für die Erreichung des Zieles zusammenzutragen. Hierbei ist es hilfreich, wenn Ihr kreativer Teil die Koordination übernimmt und bei Bedarf Ideen liefert. Lassen Sie Ihre Teile in sich wirken. Lehnen Sie sich zurück und warten Sie auf das Ergebnis.

Wie kann jeder Einzelne sich ideal einbringen? Was muss an der Lösung noch korrigiert werden, damit alle Teile ihr volles Potenzial nutzen können? Überlassen Sie es den Teilen, Lösungen zu finden. Entspannen Sie sich und warten Sie ab, bis

Sie ein o.k. erhalten.

Beauftragen Sie dieses Team, zukünftig für die Erreichung Ihres Zieles die entsprechenden Lösungen zu entwickeln und umzusetzen. Vertrauen Sie auf die unerschöpfliche Schaffenskraft Ihres Unbewussten.

Sie können Ihrem inneren Team auch einen Platz in Ihrem persönlichen Raum anbieten, indem Sie die Arme nach vorne ausstrecken und mit nach außen gekehrten Handflächen wieder einen Halbkreis beschreiben. Dieser Halbkreis umgrenzt Ihren persönlichen Raum, in den Sie nun Ihr inneres Team einladen. Zum Schluss der Sitzung bedanken Sie sich bei Ihren Teilnehmern für das Engagement und die Mitarbeit.

Angekommen am Ziel!

Begeben Sie sich noch einmal an einen ruhigen Ort. Machen Sie es sich bequem. Nehmen Sie Ihr Lesezeichen, welches Sie zu Beginn der Reise geschaffen hatten. An was erinnert es Sie? Schließen Sie nun die Augen.

Lassen Sie noch einmal alle Schritte dieses Kurses an Ihrem

inneren Auge vorbeilaufen. Nehmen Sie sich die Zeit, die Sie brauchen. Sie haben viel getan, kosten Sie das Gute aus.

Wenn Sie alles noch einmal vor sich erlebt haben, bedanken Sie sich bei Ihrem Unterbewusstsein und bei Ihrem inneren Team für die Unterstützung. Sie sind gemeinsam gewachsen und damit auch Ihre Fähigkeit, gut für sich selber zu sorgen.

Gratuliere: So wird Ihr Leben eine Reise zu Ihrem Erfolg!

Anhang

Was ist NLP?

NLP ist ein effektives Kommunikationsmodell, dessen Techniken tief greifendes Lernen und persönliche Weiterentwicklung ermöglichen. Es kann im Beruf genauso wie im Privatleben als die Grundlage guter Kommunikation und zielgerichteten Verhaltens genutzt werden. Aufbauend auf einer sehr genauen Wahrnehmung und einem bewussten Gebrauch der Sprache bietet NLP vielfältige Möglichkeiten, das Wachstum der eigenen Persönlichkeit zu fördern, neue Einblicke und Erkenntnisse zu gewinnen und so Strategien für ein erfolgreiches und zufriedenes Leben zu entwickeln.

Mit Hilfe von NLP-Techniken können wir einschränkende Verhaltensweisen so verändern, dass durch ein neues Erleben dieser Situationen ein erfolgreiches Handeln erwächst. Das

Verständnis dessen, was in uns geschieht, was wir glauben und was uns fehlt, schenkt uns die Möglichkeit, das Leben im Einklang mit uns selbst zu gestalten.

NLP basiert auf den drei Grundpfeilern:

Neuro
für Informationsverarbeitungssystem von Nerven und Gehirn

Linguistisch
für Sprache, insbesondere deren Struktur und Umsetzung

Programmieren
für Entwickeln und Erkennen von Lernstrategien

Wo können Sie mehr zu NLP erfahren und erlernen?
Seminare und Weiterbildungen bietet der Autor Wolfgang Brylla in seinem Institut WBSeminare & NLP an.

Ausführliche Informationen erhalten Sie unter

www.WBSeminare-nlp.de

Mehr erfahren zum Thema NLP und zu den vielseitigen Möglichkeiten, die NLP bietet, können Sie auch beim

Deutschen Verband für Neurolinguistisches Programmieren (DVNLP e. V.), www.dvnlp.de

Vom **Autor** Wolfgang Brylla sind bereits folgende Sachbücher, Ratgeber und ein Roman erschienen:

Einladung zur Glückskompetenz - Der effektive Weg zum Glück

Bücher über Glück gibt es viele. Die meisten handeln davon, wie das Glück entsteht und wie man es erlangen kann. Warum also noch ein Buch zu diesem Thema? Im Gegensatz und als Ergänzung zu vielen anderen Veröffentlichungen bietet dieses Buch neben der Einsicht und der Erkenntnis, wie und warum sich Neues entwickeln darf, vor allem Anleitungen für die Umsetzung der persönlichen Ziele durch praktische und leicht anwendbare Übungen. Es gibt nicht nur einen Einblick in die Philosophie und Geschichte des Glücks und die medizinischen, gehirnphysiologischen und psychologischen Auswirkungen auf den Menschen, sondern es vermittelt dem Leser vor allem praktische Übungen aus sehr effizienten Modellen wie dem NLP (Neurolinguistisches Programmieren), der Kinesiologie und sehr alten überlieferten Techniken, die alle eines gemeinsam haben, den Menschen auf seinem Weg zum individuellen Glück näherzubringen..

Natürlich werden Glück und Glücksgefühle von jedem Menschen unterschiedlich erlebt und gelebt. So empfindet der eine schon Glückseligkeit, wo der andere noch hadert und klagt. Ziel dieses Buches ist es, das tägliche Glück individuell zu erleben und die eigenen Grenzen aktiv und selbstbestimmt zu gestalten.

Nachdem der Autor anhand der neuesten Forschungsergebnisse aus der Gehirnforschung einen Eindruck vermittelt, wie der menschliche Körper und das Nervensystem auf äußere und innere Einflüsse reagieren, bietet er dem Leser sehr ansprechend vielfältige Anleitungen für Techniken zum Erwerb der eigenen Glückskompetenz.

Ziel ist es, die Wahlmöglichkeiten, die dem Leser bisher zur Verfügung standen, zu erweitern und den Handlungsspielraum auf dem Weg zum persönlichen Glück zu vergrößern. Anschaulich und abwechslungsreich zugleich stellt der Autor dem Leser verschiedene Modelle und Techniken zur Verfügung. Diese werden umrahmt und begleitet von Geschichten und Metaphern, um den Weg zur eigenen Glückskompetenz über alle Sinne erfahrbar zu machen.

Der Leser erhält Gelegenheit, neue Sichtweisen und Möglichkeiten in seiner persönlichen Geschichte und seinen Lebensumstände zu finden und zu seiner Glückskompetenz zu gelangen.

Taschenbuch und als E-Book: 179 Seiten

Verlag Monsenstein und Vannerdat;

ISBN: 978-3869910796

Vom Verdruss zum Genuss - Selbstcoaching zur erfolgreichen Lebensgestaltung

Dieses Buch ist für Menschen geschrieben, die in ihrem Leben nach neuen Möglichkeiten für ihr Wohlbefinden Ausschau halten und ihren Handlungsspielraum selbstständig erweitern möchten. Das Geheimnis einer erfolgreichen, positiven Veränderung besteht darin, die Fähigkeit zu besitzen, sich selbst die Liebe und das Vertrauen zu geben, die man braucht, ohne dieses bewusst oder unbewusst von anderen Menschen zu erwarten und einzufordern. In diesem Buch führt Sie der Autor in sechs Schritten dorthin, wo Ihre Kraft und Stärke liegen. Sie gelangen zu Ihren inneren Schätzen und erleben, wie großartig es ist, diese zu befreien. Sie erfahren die einmalige Wirkung, die in der selbstgeschaffenen Erlaubnis liegt, Ihr Leben frei zu entfalten. Der Autor bietet Ihnen die Gelegenheit, schon während des Lesens damit zu beginnen, Ihre positive Verwandlung selbstständig umzusetzen.

Taschenbuch, 108 Seiten,

Shaker Verlag: ISBN 978-3-86858-796-8

„Das gelbe Café" – Roman

Dieses Buch handelt vom Suchen und Versuchen, vom Verlieren und Wiederfinden, von Liebe, Vergänglichkeit und Quantenphysik, vom Leben, Sterben und einer Reise zu sich selbst, die von Düsseldorf über Lissabon nach Tavira zu den Menschen im gelben Café führt.

Der Roman erzählt die Geschichte eines Mannes, der in einem renommierten Architekturbüro in Düsseldorf arbeitet. Er ist Ende vierzig und ignoriert seine Midlifecrisis ebenso wie die Anzeichen eines beginnenden Burnouts, welche er mit verstärktem Alkoholkonsum zu verdrängen sucht. So verstrickt er sich immer tiefer in die eigenen Selbstlügen. Auf seinen langen Spaziergängen durch die herbstkalte Stadt verschwimmen dabei die Grenzen zwischen Fantasie und Wirklichkeit. Erinnerungen an seine Kindheit und deren traumatisierende Erlebnisse mischen sich mit seinen Erlebnissen als junger Mann in Düsseldorf, wo in den Kneipen der Ratinger Straße zwischen Punks und den Künstlern der Kunstakademie sein erster Ausbruchsversuch scheiterte.

Wieder einmal angetrunken surft er im Internet und bucht „aus Versehen" ein Selbstfindungsseminar zur Jahreswende in Süddeutschland. Nach anfänglichen inneren Widerständen reist er zu dem Event. Doch schon nach zwei Tagen flüchtet er von dort und gelangt an Silvester nach Lindau am Bodensee. Nach einer intensiven Silvesterfeier glaubt er eine Erleuchtung zu haben, welche ihn veranlasst, sein bisheriges Leben in Frage zu stellen. Nach anfänglichem Zögern beschließt er, seinem Alltagsleben ins südliche Ausland zu entfliehen, wo die Sonne seine Wunden heilen soll. In dem kleinen Städtchen Tavira an der Ostalgarve beginnt er, zu sich selbst zu finden. Doch das ist kein leichtes Unterfangen. Im „Gelben Café" lernt er Menschen kennen, die alle auf ihre eigene Weise versuchen, das Leben zu meistern. Einigen von ihnen ist ein Geheimnis eigen, welches sie zu dem gemacht hat, was sie sind.

Diese Menschen lehren ihn auf ganz unterschiedliche Weise, hinter die Wand seiner eigenen Fassade zu schauen und diese gleichzeitig als notwendiges Schutzschild anzuerkennen. Schritt für Schritt lernt er, das, was ihn und sein Leben ausmacht, anzunehmen. Er verliebt sich in eine Lehrerin, die an der deutschen Schule in Faro arbeitet. Die beiden kommen sich sehr nahe. Zu nahe, wie sich zeigt. Das überraschende Ende dieser kurzen, aber sehr intensiven Liebesbeziehung wirft ihn zurück in seine alten Lebensformate. Wieder flieht er vor sich selbst und der Situation. Er packt seinen Koffer, verlässt die Menschen, die ihm lieb geworden sind und gelangt mit dem Überlandbus nach Lissabon, wo er wider Erwarten mehr von sich erfährt, als er beabsichtigt hatte. Denn in der Metropole Lissabon macht er Erfahrungen, die ihn auf eine besondere Weise beeindrucken. Als er glaubt, endlich auf dem richtigen Weg zu sein, erreicht ihn eine schockierende Nachricht.

E-Book: Verlag: neobooks; ASIN: B00QX8BNIG

Taschenbuch: ISBN: 978-1505821802